Groh/Schröer

Sicher durch die Prüfung

Wirtschaftslehre
in Frage und Antwort

MERKUR VERLAG RINTELN

Wirtschaftswissenschaftliche Bücherei für Schule u. Praxis
Begründet von Handelsschul-Direktor Dipl.-Hdl. Friedrich Hutkap †

Verfasser:
Dipl.-Kfm. Gisbert Groh, Oberstudienrat
Dipl.-Kfm. Volker Schröer, Oberstudienrat

Dieses Buch wurde auf chlorfreiem Offsetpapier gedruckt!

14. Auflage 1993

Gesamtherstellung:
MERKUR VERLAG RINTELN Hutkap GmbH & Co. KG, 31735 Rinteln

ISBN 3-8120-**0266**-3

Vorwort zur zweiten Auflage

Dieses Buch soll den Schülern der Berufsfachschulen (Handelsschule, Höhere Handelsschule, Wirtschaftsschule) zur Vorbereitung auf Klassenarbeiten, insbesondere aber zur Vorbereitung auf die Abschlußprüfung dienen. Das Buch soll nicht das Lehrbuch ersetzen, sondern die Wiederholung einzelner Lerngebiete bzw. des gesamten Prüfungsstoffes erleichtern.

Obwohl auf eine Darstellung der Programmierten Prüfung verzichtet wurde, ist der ausgewählte Stoff unverzichtbar für die Vorbereitung auf die Prüfung in programmierter Form.

Die Auswahl und Aufbereitung der Lerninhalte erfolgte unter Berücksichtigung der Lehrpläne verschiedener Bundesländer, d.h. Lerninhalte, die nur selten auftraten, sind ausgeklammert.

Eine sinnvolle und rationelle Prüfungsvorbereitung wird vor allem gewährleistet durch

- lerngerechte Anordnung der Fragen und Antworten,
- Kennzeichnung besonders wichtiger Fragen mit einem *,
- Beschränkung auf das Wesentliche,
- einprägsame Strukturierung der Antworten,
- Hervorhebung wichtiger Begriffe,
- zahlreiche Textverweise,
- umfangreiches Register.

Eine gezielte Vorbereitung ist unerläßlich für ein gutes Prüfungsergebnis. Dieses Buch verhilft dazu.

St. Ingbert und Homburg, Herbst 1993

Die Verfasser

Inhaltsverzeichnis

Wirtschaftliche Grundbegriffe

1 Bedürfnisse und Güter

1 Was sind Bedürfnisse?

Die menschlichen **Bedürfnisse** bilden die Grundlage des Wirtschaftens. Sie sind Mangelerscheinungen, die das Bestreben auslösen, den Mangel zu beseitigen. Das Verlangen nach bestimmten Objekten wird bei vorhandener Kaufkraft zu **Bedarf**. Man unterscheidet Existenz-, Kultur- und Luxusbedürfnisse. Bedürfnisse sind unbegrenzt.

2 Unterscheiden Sie Existenz-, Kultur- und Luxusbedürfnisse!
*

Existenzbedürfnisse gehören zu den elementaren Lebensbedürfnissen; sie müssen auf jeden Fall befriedigt werden. Beispiele sind Nahrung, Kleidung, Wohnung.

Kulturbedürfnisse entspringen dem geistigen Wesen des Menschen; ihre Befriedigung ist nicht lebensnotwendig, aber oft unentbehrlich. Beispiele sind Schulbildung, Unterhaltung, Kunstgenuß.

Luxusbedürfnisse entwickeln sich oft aus gesellschaftlichen Zwängen und Geltungsdrang. Beispiele sind Schmuck, Segeljacht, Swimmingpool.

3 Erklären Sie Individual- und Sozialbedürfnisse!

Individualbedürfnisse werden vom einzelnen (Individuum) empfunden und letztlich von ihm persönlich befriedigt.
Beispiel: Nahrung.

Sozialbedürfnisse (Kollektivbedürfnisse) werden ebenfalls vom einzelnen empfunden, können aber nur von der Gesellschaft befriedigt werden. Beispiele: Krankenversorgung, Umweltschutz.

4 Warum müssen die Menschen wirtschaften?

Zur Deckung seiner ständig wachsenden Bedürfnisse muß der Mensch **wirtschaften,** d. h., durch planmäßiges Vorgehen stellt er Güter und Dienstleistungen bereit.

5 Was sind wirtschaftliche Güter?
*

Die **Güter,** die der Mensch zur Deckung seines Bedarfs benötigt, sind nur in begrenzter Menge vorhanden, sie sind **knapp.** Der Mensch muß die Produkte der Natur durch seine Arbeit umformen, um gebrauchs- oder verbrauchsfähige Güter zu erhalten. Die Gewinnung der Güter ist stets mit „Opfern" verbunden.

6 Wie kann man die wirtschaftlichen Güter einteilen?

Die Einteilung kann folgendermaßen vorgenommen werden:

1. **Konsumgüter,** diese dienen der unmittelbaren Befriedigung menschlicher Bedürfnisse.
   Dabei unterscheidet man:
   - **Verbrauchsgüter** (z. B. Nahrungs- und Genußmittel),
   - dauerhafte **Gebrauchsgüter** (z. B. Kleidung, Haushaltsgeräte);

Die mit einem * gekennzeichneten Fragen sind besonders wichtig.

2. **Produktionsgüter,** diese dienen der Herstellung anderer Güter.
Man unterscheidet:
   - **Verbrauchsgüter** (z. B. Rohstoffe, Hilfsstoffe, Betriebsstoffe),
   - **Gebrauchsgüter** (Maschinen, Werkzeuge u. ä.);
3. **Dienstleistungen,** sie werden unterschieden nach:
   - persönlicher Art (z. B. Krankenpflege, Unterricht, Rechtsberatung),
   - sachlicher Art (z. B. Kreditgewährung, Vermietung und Verpachtung von Gegenständen).

7 Was sind freie Güter?
*

Im Gegensatz zu den knappen (= wirtschaftlichen) Gütern sind die **freien Güter** im Überfluß vorhanden, wie Luft, Sonnenwärme oder Meerwasser. Sie haben keinen Preis.

8 Nennen Sie die einzel- und gesamtwirtschaftlichen Produktionsfaktoren!

Die einzelwirtschaftlichen (betrieblichen) **Produktionsfaktoren** sind:

- ausführende Arbeit,
- dispositive Arbeit (Betriebsführung),
- Betriebsmittel,
- Werkstoffe.

Die gesamtwirtschaftlichen (volkswirtschaftlichen) Produktionsfaktoren sind:

- Arbeit,
- Kapital,
- Boden.

2 Der Markt

9 Was ist ein Markt?
*

Jedes Zusammentreffen von Angebot und Nachfrage nennt man **Markt,** gleichgültig an welchem Ort, zu welcher Zeit und unter welchen Umständen das geschieht. Man unterscheidet Gütermärkte, Kapitalmärkte, Arbeitsmärkte oder auch Wochenmärkte, nationale und internationale Märkte (s. Fragen 384 ff.).

10 Wie bildet sich der Marktpreis?

Auf dem Markt werden Güter gegen Geld ausgetauscht. Das Austauschverhältnis ist der **Marktpreis** als Ergebnis des Zusammentreffens von Angebot und Nachfrage. Ist die Nachfrage nach einem bestimmten Gut größer als das Angebot von diesem Gut, steigt der Marktpreis; ist das Angebot größer als die Nachfrage, sinkt der Preis.

3 Die Betriebe

11 Was ist ein Betrieb?

Ein **Betrieb** ist eine planmäßig organisierte Wirtschaftseinheit, in der die elementaren Produktionsfaktoren (Arbeit, Betriebsmittel, Werkstoffe) durch die Betriebsführung kombiniert werden mit dem Ziel, eine bestimmte Leistung zu erstellen. Betriebe in einem marktwirtschaftlichen System werden als **Unternehmungen** bezeichnet.

12 Was sind Sachleistungsbetriebe?

In **Sachleistungsbetrieben** werden Sachgüter (z. B. Produktions- und Konsumgüter) hergestellt.

Man unterscheidet:

- **Gewinnungsbetriebe** (Betriebe der Urerzeugung), z. B. Bergwerksbetriebe, landwirtschaftliche Betriebe, Fischereibetriebe, Kraftwerksbetriebe;
- **Erzeugungsbetriebe** (Betriebe der Weiterverarbeitung), z. B. Industriebetriebe (Grundstoffindustrie, Produktionsgüterindustrie, Konsumgüterindustrie) und Handwerksbetriebe.

13 Was sind Dienstleistungsbetriebe?

In **Dienstleistungsbetrieben** werden Dienstleistungen (Güter immaterieller Art) erbracht.

Man unterscheidet:

- Verkehrsbetriebe (z. B. Deutsche Bundesbahn, Deutsche Bundespost, Reedereien),
- Bankbetriebe (z. B. Banken, Sparkassen),
- Versicherungsbetriebe (z. B. Sachversicherungen, Personenversicherungen),
- Handelsbetriebe (Einzelhandelsbetriebe, Großhandelsbetriebe, Außenhandelsbetriebe),
- sonstige Dienstleistungsbetriebe (z. B. Steuerberater, Architekten).

14 Unterscheiden Sie Groß- und Einzelhandel!

Der **Einzelhandel** verkauft die Waren, die er in größeren Mengen entweder vom Großhändler oder Erzeuger bezieht, in kleinen Mengen an den Endverbraucher.

Der **Großhandel** verkauft seine Waren an Produzenten oder Wiederverkäufer, wobei die Absatzmengen in der Regel größer sind als beim Absatz an den Endverbraucher.

15 Erläutern Sie das ökonomische Prinzip!
*

Bei jedem wirtschaftlichen Handeln muß das **ökonomische Prinzip** (wirtschaftliches Prinzip, Rationalprinzip) beachtet werden.

Es gibt drei Formulierungen dieses Prinzips:

- Mit einem bestimmten Aufwand an Mitteln soll ein möglichst großer Erfolg erzielt werden (Maximumprinzip),
- ein bestimmter Erfolg soll mit möglichst geringen Mitteln erreicht werden (Minimumprinzip, Sparprinzip),
- das Verhältnis zwischen Aufwand und Ertrag soll möglichst günstig sein (Extremumprinzip).

16 Erläutern Sie das erwerbswirtschaftliche Prinzip!
*

Das **erwerbswirtschaftliche Prinzip** besagt, daß die Unternehmer einen maximalen (möglichst großen) oder zumindest einen angemessenen Gewinn erzielen wollen.

17 Welche Bedeutung haben das Rationalprinzip und das erwerbswirtschaftliche Prinzip in der freien Marktwirtschaft und in der Planwirtschaft?

Sowohl die Betriebe der freien Marktwirtschaft (Unternehmungen) als auch die Betriebe der Planwirtschaft handeln nach dem **Rationalprinzip;** es handelt sich also beim Rationalprinzip um einen vom Wirtschaftssystem unabhängigen Tatbestand (systemindifferenter Faktor).

Dagegen handeln nur die Unternehmungen nach dem **erwerbswirtschaftlichen Prinzip;** die Möglichkeit der Gewinnerzielung dient als Anreiz zur Entfaltung der Unternehmerinitiative. Das erwerbswirtschaftliche Prinzip ist also vom Wirtschaftssystem abhängig (systembezogener Faktor).

4 Die öffentlichen und privaten Haushalte

18 Welche Aufgaben haben die öffentlichen Haushalte?

Die **öffentlichen Haushalte** (Bund, Länder, Gemeinden) müssen Leistungen erbringen, die von Betrieben und privaten Haushalten nicht oder nur unzureichend erstellt werden können oder die für das Gemeinwohl von hervorragender Bedeutung sind. Beispiele: Bau von Straßen, Strom- und Wasserversorgung.

19 Nennen Sie die öffentlichen Einnahmen!

Um ihre Aufgaben erfüllen zu können, brauchen die öffentlichen Haushalte finanzielle Mittel.

Es gibt folgende **öffentliche Einnahmen:**

- Steuern (Zwangsabgaben ohne unmittelbare Gegenleistung),
- Gebühren und Beiträge (Entgelt für bestimmte öffentliche Leistungen),
- Aufnahme und Einziehung von Krediten,
- Erwerbseinkünfte (Gewinne aus öffentlichen Betrieben),
- Auflösung von Rücklagen,
- Zuweisungen von anderen Gemeinwesen,
- sonstige Einnahmen, wie Strafgelder, Schenkungen, Vermächtnisse.

20 Nennen Sie die öffentlichen Ausgaben!

Öffentliche Ausgaben sind:

- sächliche Ausgaben (Ausgaben für Gebäude, Einrichtungen usw.),
- persönliche Ausgaben (Ausgaben für Beamte, Angestellte und Arbeiter des öffentlichen Dienstes),
- Subventionen an private Haushalte und Betriebe (Zahlungen ohne Gegenleistung),
- Gewährung und Rückzahlung von Krediten,
- Bildung von Rücklagen.

Der **Haushaltsplan** eines öffentlichen Haushalts erfaßt für ein Jahr die zu erwartenden Einnahmen und Ausgaben und sieht ein Gleichgewicht zwischen Einnahmen und Ausgaben vor.

21 Was besagt das gemeinwirtschaftliche Prinzip?
*

Das **gemeinwirtschaftliche Prinzip** ist ein Leitsatz wirtschaftlichen Handelns, bei dem nicht die Gewinnerzielung im Vordergrund steht, sondern die Versorgung der Allgemeinheit.

Die öffentlichen Betriebe, die nach diesem Grundsatz handeln, müssen jedoch versuchen, ihre Kosten durch ihre Erlöse zu decken (**Prinzip der Kostendeckung**).

22 Welche Bedeutung haben die privaten Haushalte?

Die **privaten Haushalte** sind die Konsumzellen einer Volkswirtschaft. Vor dem Konsum steht der Einkommenserwerb. Man unterscheidet folgende **Einkommensarten:**

- Arbeitseinkommen (z. B. Lohn, Gehalt),
- Vermögenseinkommen (z. B. Zins, Miete),
- Renteneinkommen (z. B. Altersrente),
- Einkommen ohne Gegenleistung (z. B. Fürsorgeunterstützung).

Teile des Einkommens spart der Haushalt (Konsumaufschub). Finanzielle Engpässe gleicht der Haushalt durch Kreditaufnahme aus (Konsumvorwegnahme).

23 Was besagt das Prinzip der Nutzenmaximierung?

Der Haushalt muß versuchen, bei gegebener Bedürfnisstruktur, gegebenen Preisen und gegebener Höhe des Einkommens die größtmögliche Bedürfnisbefriedigung zu erreichen **(Nutzenmaximierung).**

5 Der Wirtschaftskreislauf

24 Unterscheiden Sie Geld- und Güterströme!

Zwischen den einzelnen Wirtschaftseinheiten kommt es zu einer Vielzahl von wirtschaftlichen Transaktionen (z. B. Käufe und Verkäufe von Gütern). Nahezu jede dieser Transaktionen setzt sich aus einer Güterbewegung und einer entgegengesetzten Geldbewegung zusammen. Gleichgerichtete Geld- und Güterbewegungen zwischen zusammengefaßten gleichartigen Wirtschaftseinheiten bezeichnet man als **Geld- und Güterströme** (monetäre und reale Ströme).

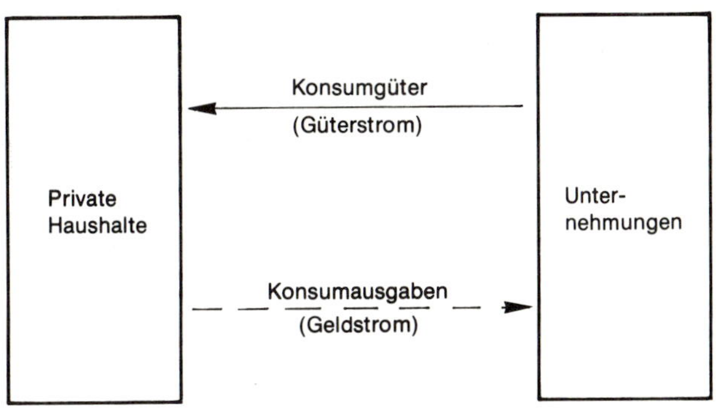

25 Erläutern Sie den Wirtschaftskreislauf!

Der **Wirtschaftskreislauf** beinhaltet die wirtschaftlichen Transaktionen zwischen gleichartigen Wirtschaftseinheiten. Vereinfachend kann man den Wirtschaftskreislauf wie folgt darstellen:

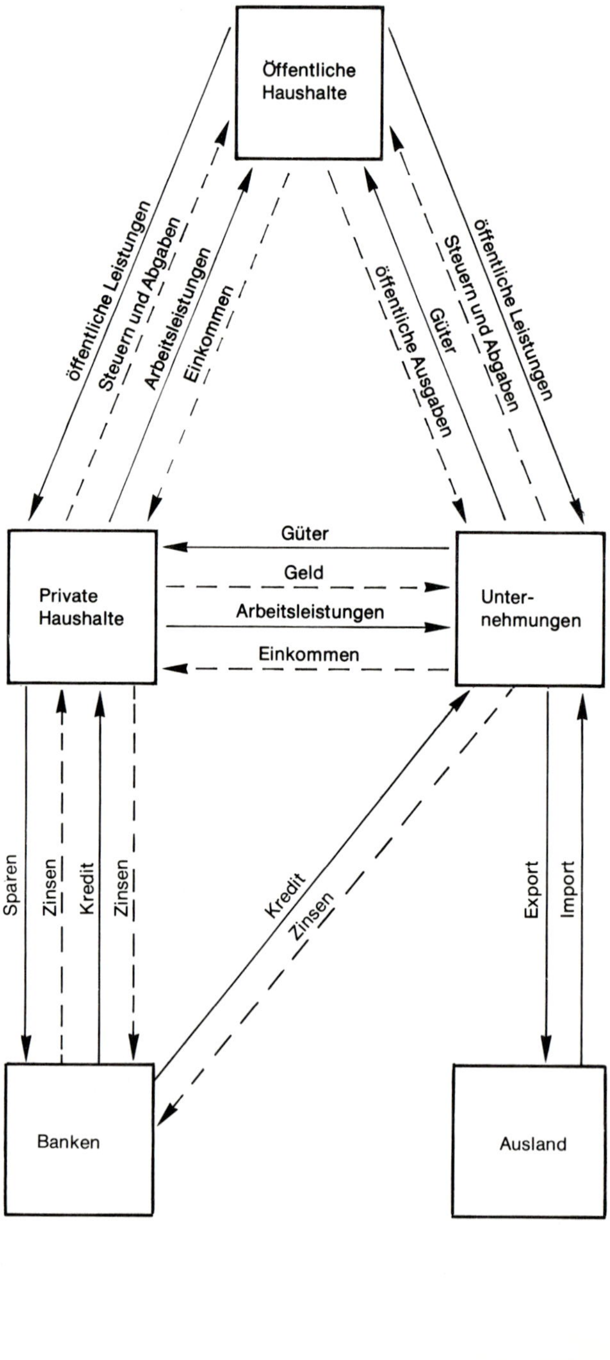

Betriebswirtschaftliche Fragenkomplexe

1 Die Entlohnung der menschlichen Arbeit

26 Welche Kriterien bestimmen die Höhe der Entlohnung?

Die **Entlohnung** ist um so höher, je größer die Anforderungen an die Fähigkeiten des arbeitenden Menschen sind. Im Rahmen der **Arbeitsbewertung** werden Kriterien zur Staffelung der Arbeitsentgelte aufgestellt.

Dazu zählen:

- körperliche Anforderungen (Geschicklichkeit, Kraftaufwand),
- geistige Anforderungen (Denkvermögen, Entschlußfähigkeit, Fachkenntnisse),
- Verantwortung für Menschen und Sachen,
- Umgebungseinflüsse (Lärm, Staub, Temperatur),
- das tatsächliche Ergebnis der Arbeit (geleistete Stückzahl).

Neben diesen Faktoren bestimmen auch soziale Gesichtspunkte die Höhe des Lohnes, wie Lebensalter, Familienstand, Beschäftigungsdauer. Aus dem Leistungslohn, für den die Arbeitsbewertung die Grundlage geschaffen hat, wird mehr oder weniger ein Soziallohn.

1.1 Arbeitsstudien

27 Welche Arbeitsstudien unterscheidet man?

Die **Arbeitsstudien** umfassen drei Gebiete:

- Arbeitsablaufstudien,
- Arbeitszeitstudien,
- Arbeitswertstudien.

28 Was sind Arbeitsablaufstudien?
*

Arbeitsablaufstudien zerlegen die Arbeitsvorgänge in einzelne Stufen, Arbeitsgriffe und Griffelemente mit dem Ziel, den Arbeitsablauf zu rationalisieren. Leerlauf, umständliche Verrichtungen und unzweckmäßige Anordnungen der Betriebsmittel werden so ermittelt und können dann beseitigt werden.

29 Welche Aufgaben haben Arbeitszeitstudien?
*

Mit Hilfe der **Arbeitszeitstudien** wird die **Vorgabezeit** ermittelt; das ist die Zeit, die ein Arbeitnehmer unter normalen Bedingungen und bei normaler Arbeitsleistung für die Ausführung einer bestimmten Aufgabe, z. B. für die Bearbeitung eines Werkstückes, benötigt.

30 Wie wird die Vorgabezeit ermittelt?

Die genaueste Form zur Ermittlung der **Vorgabezeit** ist die Methode des Messens. Die Zeit für eine bestimmte Verrichtung muß mehrmals genommen werden, um durch Ausschalten von Extremwerten einen Durchschnittswert zu erhalten.

Die Vorgabezeit für eine bestimmte Arbeit wird folgendermaßen gegliedert:

1. Die **Rüstzeit** dient der Vorbereitung der auszuführenden Arbeit und der Wiederherstellung des ursprünglichen Zustandes am Arbeitsplatz.
2. Die **Ausführungszeit** umfaßt
   - die Grundzeit, das ist die Zeit für alle regelmäßig auftretenden Arbeiten. Getrennt gemessen werden die von der Maschine bestimmte Zeit (Hauptzeit) und die vom Arbeiter beeinflußbare Zeit (Nebenzeit);
   - die Verteilzeit, diese berücksichtigt alle unregelmäßig auftretenden Zeiten (z. B. Abschmieren der Maschine, Erholungszeiten).

31 Welche Aufgaben haben Arbeitswertstudien?
*

Die **Arbeitswertstudien** liefern die Grundlagen für eine Staffelung der Löhne in Lohngruppen nach dem Schwierigkeitsgrad der einzelnen Arbeitsverrichtungen. Eine solche Einstufung orientiert sich an den Anforderungen, die eine bestimmte Arbeit an den Menschen stellt.

1.2 Lohnformen

32 Unterscheiden Sie Nominallohn und Reallohn!
*

Der **Nominallohn** ist der als Lohn empfangene Geldbetrag ohne Berücksichtigung der Kaufkraft des Geldes (Geldwert).

Unter Kaufkraft versteht man die Gütermenge, die mit einer bestimmten Geldeinheit gekauft werden kann.

Der **Reallohn** berücksichtigt die Kaufkraft des Geldes und ist die Gütermenge, die mit einem bestimmten Nominallohn erworben werden kann. Die Beziehung zwischen Nominallohn und Reallohn kann in Form einer Gleichung dargestellt werden:

$$\text{Reallohn} = \frac{\text{Nominallohn}}{\text{Preisniveau der Konsumgüter}}$$

33 Welche Entlohnungsformen gibt es?
*

Man unterscheidet folgende **Grundformen der Entlohnung:**

1. Zeitlohn;
2. Akkordlohn (Leistungslohn),
   - Stückgeldakkord,
   - Stückzeitakkord,
   - Einzelakkord,
   - Gruppenakkord;
3. Prämienlohn (Leistungslohn).

34 Was versteht man unter Zeitlohn?
*

Beim **Zeitlohn** richtet sich die Entlohnung nach der Zeit der Anwesenheit am Arbeitsplatz. Eine unmittelbare Beziehung zur Leistung besteht nicht; bei der Festsetzung der Höhe des Zeitlohnes wird jedoch eine bestimmte Leistung vorausgesetzt. Zeiteinheiten sind beim Arbeiter die Stunde (Stundenlohn), beim Angestellten der Monat (Gehalt).

35 In welchen Fällen ist der Zeitlohn angebracht?
*

Die **Zeitlohnform** ist vor allem in Fällen zweckmäßig, in denen ein Leistungslohn aus wirtschaftlichen Gründen nicht angebracht ist, z. B.

- bei Arbeiten, die Gewissenhaftigkeit und Sorgfalt erfordern (Qualitätsarbeiten);
- bei gefährlichen Tätigkeiten;
- bei Arbeiten, deren Ergebnis nicht oder nur schwer zu messen ist, z. B. Büroarbeiten.

36 Nennen Sie Vor- und Nachteile des Zeitlohns!

Vorteile des Zeitlohns sind:

- einfache Berechnung,
- Schonung von Menschen und Betriebsmitteln,
- Vermeidung eines überhasteten Arbeitstempos.

Nachteile des Zeitlohns sind:

- geringer Leistungsanreiz,
- einseitige Risikoverteilung, d. h., das Risiko für Minderleistungen trägt allein der Arbeitgeber,
- notwendige Arbeitskontrollen.

37 Was versteht man unter Akkordlohn?
*

Der **Akkordlohn** steht zur Arbeitsleistung in unmittelbarer Beziehung (Leistungslohn). Das mengenmäßige Ergebnis der Arbeit ist Grundlage der Entlohnung, nicht die Anwesenheit.

38 Wodurch unterscheiden sich Stückgeldakkord und Stückzeitakkord?
*

Beim **Stückgeldakkord** wird für eine bestimmte Arbeitsleistung ein bestimmter Geldbetrag festgesetzt (Stücklohnsatz), der mit der geleisteten Stückzahl je Zeiteinheit multipliziert wird.

Akkordlohn = Menge · Stücklohnsatz

Beim weitaus häufigeren **Stückzeitakkord** wird für eine bestimmte Arbeitsleistung eine feste Zeit vorgegeben. Diese Vorgabezeit wird mit der geleisteten Stückzahl und dem Minutenfaktor multipliziert. Der Minutenfaktor wird ermittelt, indem man den Grundlohn (Akkordrichtsatz), bestehend aus dem tariflichen Mindestlohn und dem Akkordzuschlag, durch 60 dividiert.

Akkordlohn = Menge · Vorgabezeit je Stück · Minutenfaktor

Beispiel:

	Tariflicher Mindestlohn	10,— DM
+	Akkordzuschlag 20 %	2,— DM
=	Grundlohn	12,— DM

$$\text{Minutenfaktor} = \frac{12{,}\text{— DM}}{60\ \text{Min.}} = 0{,}20\ \text{DM/Min.}$$

Vorgabezeit je Stück:	15 Minuten
Menge:	5 Stück
Stücklohnsatz:	3,— DM

Geldakkord = 5 · 3 = 15,— DM
Zeitakkord = 5 · 15 · 0,20 = 15,— DM

39 In welchen Fällen ist der Akkordlohn angebracht?

Der Akkordlohn ist angebracht bei Arbeiten,

- die sich ständig wiederholen,
- deren Ergebnis meßbar ist,
- die der Arbeiter durch sein Arbeitstempo beeinflussen kann,
- die überwiegend körperlicher Art sind.

40 Nennen Sie Vor- und Nachteile des Akkordlohns!
*

Vorteile des Akkordlohns sind:

- Leistungsanreiz, dadurch Mehrverdienst für den Arbeiter;
- kein betriebliches Risiko für Minderleistungen (Ausnahme: der Mindestlohn wird nicht erreicht);
- einfachere Verrechnung in der Kostenrechnung, da die Lohnkosten je Stück konstant sind.

Nachteile des Akkordlohns sind:

- Gefahr der Überbeanspruchung von Menschen und Maschinen;
- Gefahr der oberflächlichen Arbeit, die sich in Qualitätsminderung und Ausschuß niederschlägt;
- umfangreiche Vorarbeiten zur Ermittlung von Vorgabezeiten und Stücklohnsätzen.

41 Was versteht man unter Prämienlohn?

Neben dem Grundlohn (meist Zeitlohn) zahlt der Betrieb eine Sondervergütung (Prämie) für eine quantitative Mehrleistung oder für Leistungen qualitativer Art.

Prämien werden gewährt

- bei Unterschreiten der Vorgabezeit,
- bei Unterschreiten der zulässigen Ausschußquote,
- bei sparsamem Gebrauch von Material und Energie,
- für die Einhaltung von Terminen.

1.3 Gewinnbeteiligung

42 Was ist Gewinnbeteiligung?

Nach geltendem Recht der westlichen Länder fällt der Gewinn eines Unternehmens den Kapitalbesitzern zu. Unter **Gewinnbeteiligung** versteht man den vertraglichen Anspruch von Arbeitnehmern auf eine Beteiligung am laufenden Gewinn. Man unterscheidet:

- betriebliche Gewinnbeteiligung, d.h., die Arbeitnehmer erhalten zusätzlich zu ihrem Lohn und Gehalt einen im voraus festgelegten Anteil an dem Gewinn des Unternehmens, in dem sie beschäftigt sind (wird in einzelnen Betrieben in der Bundesrepublik Deutschland praktiziert);
- überbetriebliche Gewinnbeteiligung, d.h., der einzelne Arbeitnehmer erhält einen Anteil an den in allen Unternehmen eines Landes anfallenden Gewinnen (sehr schlecht realisierbar).

43 Nennen Sie Gründe für die Einführung der Gewinnbeteiligung!

Für die Einführung der Gewinnbeteiligung sprechen:

1. leistungsbezogene Gründe, wie
   - Anreiz zur Leistungssteigerung der Arbeitnehmer,
   - geringere Fluktuation,
   - bessere Zusammenarbeit zwischen Arbeitgeber und Arbeitnehmer, d.h. weniger innerbetriebliche Spannungen, Verbesserungen des Betriebsklimas und damit Leistungsverbesserung;
2. ideologische Gründe, wie
   - gerechtere Entlohnung,
   - Beteiligung des Arbeitnehmers am Produktivvermögen,
   - Abbau von Klassengegensätzen.

44 Nennen Sie Probleme der Gewinnbeteiligung!

Probleme der Gewinnbeteiligung sind:

- Wahl der Bemessungsgrundlage (ausgeschütteter Gewinn, einbehaltener Gewinn, Reingewinn oder Bruttogewinn?),
- Wahl des Verteilungsschlüssels (wird die Lohnhöhe oder werden soziale Aspekte, wie Familienstand, Zahl der Kinder u. ä. zugrunde gelegt?),
- Wahl der Beteiligungsform (Barausschüttung, bleiben die Gewinnanteile als Fremdkapital im Unternehmen bzw. werden sie in Beteiligungskapital umgewandelt?),
- Verlustbeteiligung (soll der Arbeitnehmer in Krisenzeiten an dem Verlust des Unternehmens beteiligt werden?).

2 Die Betriebsführung

2.1 Aufgaben der Betriebsführung

45 Welche Aufgabenbereiche gehören zur Betriebsführung?

Zu den Aufgaben der **Betriebsführung** zählen:

- Festlegung der Betriebspolitik als oberstes Ziel,
- Treffen von Entscheidungen,
- Planung von Beschaffung, Produktion, Absatz, Investition und Finanzierung,
- Aufbau und Organisation des Betriebes,
- Kontrolle des betrieblichen Geschehens.

46 Unterscheiden Sie dispositive und ausführende Arbeit!

Die menschlichen Arbeitsleistungen werden unterschieden in

- **dispositive Arbeit:** darunter versteht man die leitende Arbeit der Betriebsführung;
- **ausführende** (vollziehende) **Arbeit:** sie erfolgt aufgrund von Anweisungen.

2.2 Planung und Organisation

	Frage	Antwort
47	Was ist Planung?	Bei der **Planung** wird der Versuch unternommen, die zukünftige Entwicklung des Betriebsgeschehens im Hinblick auf ein bestimmtes Ziel, z. B. Umsatzerhöhung oder Kostensenkung, vorherzusagen und zu beeinflussen. Die Planungsdaten werden aufgrund von Schätzungen, Vorausberechnungen und Vergangenheitszahlen ermittelt.
48	Unterscheiden Sie Gesamt- und Teilplanung!	Die **Gesamtplanung** erfaßt alle betrieblichen Funktionsbereiche und setzt sich aus Teilplänen, wie Beschaffungs-, Lager-, Fertigungs-, Absatz-, Finanz-, Investitions- und Entwicklungsplan zusammen. Die **Teilpläne** (z. B. Absatzplan) setzen sich ihrerseits wieder aus Teilplänen (z. B. Werbeplan, Verkaufsplan) zusammen. Hauptaufgabe der Gesamtplanung ist die Koordination der Teilpläne. Der Gesamtplan orientiert sich zwangsweise an dem jeweils schwächsten Teilbereich (oft Finanzierung) betrieblicher Planung, dem sog. Minimumsektor.
49	Was ist Betriebsorganisation? *	Betriebsorganisation ist ein System von Regelungen, die Menschen und Betriebsmittel einander so zuordnen, daß die Betriebsziele bestmöglich erreicht werden. Die Regelungen können in Vorschriften, Anweisungen, Richtlinien sowie in Verordnungen und gesetzlichen Bestimmungen bestehen.
50	Unterscheiden Sie fallweise und generelle Regelungen!	Bei fallweisen Regelungen wird eine Entscheidung für einen bestimmten Vorgang jeweils neu getroffen. Generelle Regelungen lassen sich nur für verhältnismäßig gleichartige Vorgänge aufstellen. In der Praxis besteht die Tendenz, fallweise Regelungen durch generelle Regelungen zu ersetzen; man spricht hierbei vom **Substitutionsgesetz der Organisation.**
51	Unterscheiden Sie Aufbau- und Ablauforganisation! *	Die **Aufbauorganisation** erstreckt sich auf den organisatorischen Aufbau des Betriebs. Das Unternehmen wird in arbeitsteilige Einheiten, z. B. Stellen (kleinste Organisationseinheit), Instanzen (Stellen mit Leitungsaufgaben und Vorgesetztencharakter) und Abteilungen (Zusammenfassung von Stellen unter einheitlicher Leitung) gegliedert. Die Aufbauorganisation kann in den Grundformen Einliniensystem, Stabliniensystem und Funktionalsystem erfolgen. Die **Ablauforganisation** umfaßt die Ordnung des Arbeitsablaufs, d. h. das tägliche Erledigen der Arbeitsaufgaben. Die Aufbauorganisation ist statisch und die Ablauforganisation dynamisch orientiert.
52	Beschreiben Sie das Einliniensystem! *	Das **Einliniensystem** ist streng hierarchisch aufgebaut. Sämtliche Abteilungen sind in einen einheitlichen Instanzenweg (Dienstweg) eingegliedert, von dem nicht abgewichen werden darf.

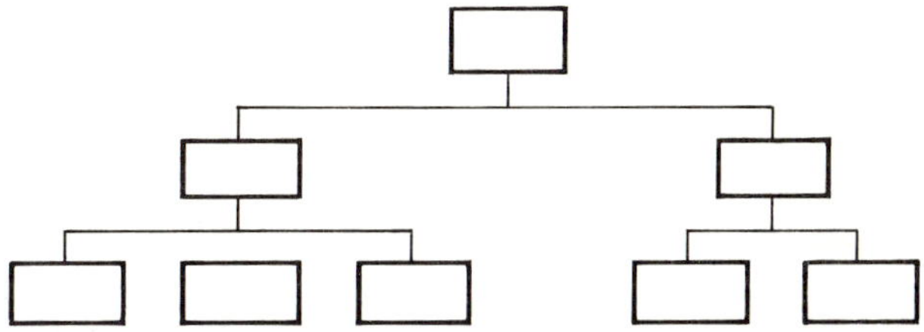

Vorteile sind: einheitliche Betriebsleitung, übersichtliche Befehlsverhältnisse, eindeutige Kompetenzabgrenzungen.

Nachteile sind: schwerfällige Organisation, lange Befehlswege.

53 Beschreiben Sie das Stabliniensystem!
*

Das **Stabliniensystem** stellt eine Erweiterung des Liniensystems dar; der Instanzenweg wird beibehalten, aber einzelnen Instanzen werden Stabsstellen zugeordnet. Diese Stäbe haben überwiegend beratende Funktionen und besitzen keine Weisungsbefugnisse; Beispiele sind Rechtsabteilungen und Planungsabteilungen.

54 Beschreiben Sie das Funktionssystem!
*

Im **Funktionssystem** erhält jede ausführende Stelle ihre Anweisungen von verschiedenen leitenden Spezialisten, von denen jeder eine bestimmte Funktion ausübt. So erhält z. B. ein Arbeiter, je nachdem, was er gerade arbeitet, vom Arbeitsverteiler, Vorrichtungsmeister, Prüfmeister oder Kostenmeister Anweisungen.

Vorteile sind: hoher Spezialisierungsgrad und schnelle Entscheidungsfähigkeit.

Nachteile sind: Kompetenzüberschneidungen und uneinheitliche Betriebsführung.

55 Nennen Sie Organisationsgrundsätze!

Zu den wichtigsten **Organisationsgrundsätzen** zählen:

- Einfachheit, Klarheit und Übersichtlichkeit,
- Spezialisierung und Arbeitsvereinigung,
- scharfe Abgrenzung von Tätigkeiten und Verantwortlichkeiten,
- Delegation von Aufgaben und Verantwortung,
- Elastizität und Anpassungsfähigkeit,
- Unterweisung und Information aller Beteiligten,
- Vermeidung von Überorganisation.

2.3 Leitungssysteme und Führungsstile

56 Unterscheiden Sie das Direktorial- und das Kollegialsystem!

Beim **Direktorialsystem** steht an der Spitze der Organisation ein Vorgesetzter (Direktor), der die alleinige Leitungs- und Entscheidungskompetenz besitzt.

Bei dem **Kollegialsystem** stehen an der Spitze der Organisation mehrere gleichberechtigte Personen, die gemeinsam Beschlüsse fassen und Entscheidungen treffen.

57 Unterscheiden Sie die autoritären von den kooperativen Führungsstilen!

Zu den **autoritären (dirigistischen) Führungsstilen** zählen insbesondere

- die patriarchalische Führung: Hier hängt die Führung des Betriebes in hohem Maße von der Persönlichkeit des Vorgesetzten ab. Dies ist meist in kleineren Betrieben zu finden, die von nur einem Unternehmer gegründet wurden;
- die autokratische Führung: Hier steht die Unternehmensspitze im Vordergrund, die ihre Kompetenzen und Machtbefugnisse aus der hierarchisch aufgebauten Organisationsstruktur ableitet.

In den modern geführten Unternehmen stehen **kooperative Organisationsformen** (Kollegien, Teams, Mitarbeitergespräche) im Vordergrund, da sie den Bestrebungen des Mitarbeiters nach Mitverantwortung und Mitbestimmung entgegenkommen. Hier steht nicht die Person des Vorgesetzten, sondern die zu bewältigende Aufgabe im Vordergrund.

58 Welche Führungsprinzipien gibt es?

Man unterscheidet folgende **Führungsprinzipien:**

- Management by Exception (Führen nach dem Ausnahmeprinzip), d. h., der Mitarbeiter trifft im Normalfall selbständig Entscheidungen, nur in Ausnahmefällen greift der Vorgesetzte ein;
- Management by Objectives (Führen durch Zielvorgabe), d. h., jeder Mitarbeiter hat zuvor vereinbarte Ziele durch eigenes Entscheiden und Handeln zu erreichen;
- Management by Delegation (Führen durch Delegation von Verantwortung), d. h., jeder Mitarbeiter erhält einen bestimmten Aufgaben- und Kompetenzbereich, in dem er selbständig handeln und entscheiden kann;
- Management by insight (Führen durch Einsicht), d. h., jeder Mitarbeiter erhält die Informationen, die seine Einsicht in das Betriebsgeschehen fördern.

59 Nennen Sie Kriterien der Personalbeurteilung!

Als Kriterien der **Personalbeurteilung dienen:**

1. Kenntnisse und Leistungen,
   - Schulbildung,
   - fachliche Ausbildung,
   - fachliches Wissen,
   - Leistung am Arbeitsplatz;
2. Persönlichkeit und Verhalten,
   - Zuverlässigkeit,
   - Verantwortungsbereitschaft,
   - Loyalität,
   - Kontaktfähigkeit,
   - Durchsetzungsvermögen.

Eine gerechte und zutreffende Personalbeurteilung ist sehr schwierig; vor allem das subjektive Verhalten des Beurteilers beinhaltet mögliche Fehlerquellen.

60 Nennen Sie Grundsätze der Menschenführung!

Grundsätze der **Menschenführung** sind:

- Anerkennung von Leistungen,
- positive Kritik,
- Verständnis für Probleme des Mitarbeiters,
- Ermutigung bei Fehlleistungen,
- finanzielle Anreize.

3 Die Unternehmung

3.1 Unternehmensgründung

61 Welche wirtschaftlichen Überlegungen stehen vor der Unternehmensgründung?

Vor der Unternehmensgründung müssen Entscheidungen gefällt werden über

- Art der Branche und Umfang des Unternehmens (ausschlaggebend sind Gewinnaussichten, vorhandenes Kapital, Fachwissen des Gründers oder der Gründer),
- Wahl des Standortes (energie-, verkehrs-, konsum-, arbeitskraft- oder lohnorientiert),
- Beschaffung des erforderlichen Kapitals (Eigenkapital, kurz- und langfristiges Fremdkapital),
- Verwendung des beschafften Kapitals (Entscheidung über Zusammensetzung des Anlage- und Umlaufvermögens),
- Art der Rechtsform des Unternehmens (Einzelunternehmung, Personengesellschaft oder Kapitalgesellschaft).

62 Welche rechtlichen Voraussetzungen gibt es bei der Unternehmensgründung?

Rechtliche Erfordernisse bei der **Unternehmensgründung** sind:

- Rechts- und Geschäftsfähigkeit des Gründers,
- in bestimmten Fällen behördliche Genehmigung (Konzession).

Grundsätzlich besteht in der Bundesrepublik Deutschland **Gewerbefreiheit,** d.h., der Betrieb eines Gewerbes ist jedermann gestattet. Im Interesse der Öffentlichkeit wird die Gewerbefreiheit durch die erforderliche behördliche Genehmigung beschränkt, z.B. bei chemischen Werken, Sprengstoffabriken, Gaststätten, Lebensmittelhandel, Banken.

63 Welchen Institutionen muß die Gründung mitgeteilt werden?

Die Gründung eines Unternehmens muß angezeigt werden:

- der Ortspolizeibehörde (Gewerbeaufsichtsamt),
- dem Finanzamt,
- dem Amtsgericht (Handelsregister),
- der Industrie- und Handelskammer,
- den Sozialversicherungsträgern.

Zu den Angaben gehören Firma, Sitz der Firma, Name des Inhabers, Gründungstag und Branche.

64 Welche Rechtsformen unterscheidet man (Überblick)?
*

Man unterscheidet folgende **Rechtsformen:**

1. Einzelunternehmen;
2. Gesellschaftsunternehmen;
   a) Personengesellschaften,
      - Offene Handelsgesellschaft (OHG),
      - Kommanditgesellschaft (KG),
      - GmbH & Co. KG,
      - Stille Gesellschaft,
      - Gesellschaft des bürgerlichen Rechts,

   b) Kapitalgesellschaften,
      - Aktiengesellschaft (AG),
      - Gesellschaft mit beschränkter Haftung (GmbH),
      - Kommanditgesellschaft auf Aktien (KGaA),
      - Bergrechtliche Gewerkschaft,
      - Reederei;
3. Genossenschaften.

65 Welche Überlegungen bestimmen die Wahl der Rechtsform?
*

Die Wahl der **Rechtsform** wird durch folgende Kriterien bestimmt:

- Zahl der Teilhaber,
- Kapitalaufbringung,
- Haftung der Teilhaber,
- Geschäftsführungsbefugnis,
- Vertretungsbefugnis,
- Gewinnverteilung,
- Kreditbasis,
- Firmierung,
- Besteuerung.

66 Nennen Sie Gründe für die Umwandlung einer Einzelunternehmung in eine andere Rechtsform!

Gründe für die Umwandlung in eine andere Rechtsform können sein:

- Überbelastung des Geschäftsinhabers,
- Beteiligung von Familienangehörigen am Unternehmen,
- steuerliche Gründe,
- Erweiterung der finanziellen Basis.

3.2 Einzelunternehmung

67 Nennen Sie die Merkmale der Einzelunternehmung!
*

In der **Einzelunternehmung** hat der Alleininhaber alle Rechte und trägt alle Pflichten der Unternehmung.

Vorteile sind:

- alleinige, freie und schnelle Entscheidungsmöglichkeit,
- alleiniger Gewinnanspruch.

Nachteile sind:

- unbeschränkte Haftung mit dem gesamten geschäftlichen **und** privaten Vermögen,
- geringe Kreditbasis,
- begrenzte Unternehmensvergrößerung.

Die Einzelunternehmung ist besonders für kleinere und mittlere Unternehmen geeignet und ist die häufigste Rechtsform in der Bundesrepublik Deutschland.

3.3 Personengesellschaften

68 Nennen Sie die Merkmale der Personengesellschaften! *	Bei den **Personengesellschaften** teilen sich mehrere Teilhaber Rechte und Pflichten (geregelt im Gesellschaftsvertrag). Kennzeichen sind: ● das Kapital wird von mehreren Personen aufgebracht, ● die Haftung und das Risiko werden verteilt, ● die Kreditwürdigkeit steigt durch eine Vergrößerung der Kapitalbasis, ● die Verantwortung tragen mehrere, ● im Vordergrund steht neben der Haftung die persönliche Mitarbeit der Inhaber.
69 Welche Gründe führen zur Auflösung von Personengesellschaften?	**Auflösungsgründe** von Personengesellschaften sind: ● Gesellschafterbeschluß, ● Liquidation oder Konkurs, ● Tod von Gesellschaftern (Tod von Kommanditisten löst die Gesellschaft nicht auf), ● Kündigung, ● Zeitablauf. Die Firma wird im Handelsregister gelöscht.

Die offene Handelsgesellschaft (OHG)

70 Was ist eine OHG? *	Die **OHG** ist ein Zusammenschluß von mindestens zwei Personen zum Betrieb eines vollkaufmännischen Handelsgewerbes unter gemeinsamer Firma. Alle Gesellschafter haben gleiche Pflichten und Rechte und haften unbeschränkt.
71 Wie ist die Haftung bei der OHG geregelt? *	Alle Gesellschafter **haften** allen Gesellschaftsgläubigern ohne Rücksicht auf besondere vertragliche Vereinbarungen (diese gelten nur im Innenverhältnis): ● **unbeschränkt,** d.h. Haftung mit dem gesamten Geschäfts- **und** Privatvermögen; ● **unmittelbar,** d.h., die Gläubiger müssen sich nicht zuerst an die OHG, sondern können sich unmittelbar an die Gesellschafter wenden; ● **solidarisch**, d.h., die Gläubiger können sich einen beliebigen Gesellschafter heraussuchen, der dann für die gesamte Verbindlichkeit einstehen muß.
72 Welche Rechte haben die Gesellschafter der OHG? *	Die Gesellschafter einer OHG haben: ● Recht zur Geschäftsführung (bei gewöhnlichen Geschäften Einzelentscheidung und bei außergewöhnlichen Geschäften Gesamtbeschluß), ● Recht auf Gewinnanteil (nach dem HGB 4 % vom Kapitalanteil und Rest nach Köpfen), ● Informations- und Kontrollrecht,

- Recht auf Privatentnahmen (bis 4 % vom Kapitalanteil),
- Recht zur Vertretung der Gesellschaft nach außen,
- Widerspruchsrecht gegen Maßnahmen anderer Gesellschafter,
- Kündigungsrecht (6 Monate auf Geschäftsjahresende),
- Anspruch auf Liquidationserlös.

73 Welche Pflichten haben die Gesellschafter der OHG?
*

Die Pflichten der Gesellschafter sind:

- Einlagepflicht (keine Mindesthöhe vorgeschrieben),
- Pflicht zur Mitarbeit,
- Verlustbeteiligung,
- Wettbewerbsverbot (s. Frage 595).

Die Kommanditgesellschaft (KG)

74 Was ist eine KG?
*

Die **KG** ist eine Personengesellschaft, deren Zweck auf den Betrieb eines Handelsgewerbes unter gemeinschaftlicher Firma gerichtet ist. Sie besteht aus zwei Arten von Gesellschaftern: mindestens ein Vollhafter (Komplementär) und mindestens ein Teilhafter (Kommanditist).

Wandelt ein Einzelunternehmer sein Unternehmen in eine KG um, so erhält er als Komplementär von den Kommanditisten zwar zusätzliches Kapital, wird aber in seiner Geschäftsführungs- und Vertretungsbefugnis kaum eingeengt. Aus diesem Grunde wird die KG häufig für Familienunternehmen gewählt, wobei die Erben zunächst als Kommanditisten in das Unternehmen aufgenommen werden.

75 Wie ist die Haftung bei der KG geregelt?
*

Die **Komplementäre** haften für Gesellschaftsschulden wie die Gesellschafter der OHG, d. h. unbeschränkt, solidarisch und unmittelbar (s. Frage 71).

Die **Kommanditisten** haften nur bis zur Höhe ihrer Kapitaleinlage (beschränkte Haftung).

76 Nennen Sie Rechte und Pflichten der Komplementäre!

Die Komplementäre haben die gleichen Rechte und Pflichten wie die Gesellschafter der OHG (s. Frage 72 f.).

77 Nennen Sie Rechte und Pflichten der Kommanditisten!
*

Zu den Rechten der **Kommanditisten** zählen:

- Kontrollrecht,
- Recht zur Einsicht in Bücher und Bilanzen,
- Widerspruchsrecht bei außergewöhnlichen Geschäften,
- Recht auf Gewinnanteil (4 % auf Kapitalanteil, Rest in angemessenem Verhältnis = gesetzliche Regelung),
- Recht auf Kündigung (6 Monate auf Geschäftsjahresende).

Zu den Pflichten der Kommanditisten zählen:

- Pflicht zur Kapitaleinlage, (keine Mindesthöhe),
- Pflicht zur Verlustbeteiligung (in angemessenem Verhältnis),
- Haftpflicht.

Die stille Gesellschaft

78 Was ist eine stille Gesellschaft?

Beteiligt sich ein Außenstehender mit einer Einlage an einem Unternehmen, ohne daß dies nach außen erkennbar ist (keine Eintragung ins Handelsregister, keine Änderung der Firma), so spricht man von einer **stillen Gesellschaft.** Die stille Gesellschaft eignet sich dann als Rechtsform, wenn der Geldgeber nicht bekannt werden will oder wenn die Betriebsangehörigen am Unternehmen beteiligt werden sollen.

79 Wodurch unterscheiden sich stille Gesellschafter, Kommanditisten und Gläubiger?

Stille Gesellschafter sind an einem Unternehmen mit einer Einlage beteiligt. Da keine Handelsregistereintragung erfolgt, sind sie meist nach außen nicht als Teilhaber erkennbar. Sie müssen am Gewinn und können am Verlust beteiligt sein; für ihre Einlage erhalten sie keine feste Verzinsung. Gerät das Unternehmen in Konkurs, so kann der stille Gesellschafter seine Forderung (Einlage) als Konkursgläubiger geltend machen.

Kommanditisten sind ebenfalls mit einer Einlage an einem Unternehmen beteiligt. Durch die Handelsregistereintragung sind die Kommanditisten als Teilhaber bekannt. Sie sind am Gewinn und am Verlust beteiligt.

Gläubiger haben eine Forderung gegenüber dem Unternehmen, z.B. aufgrund von Warenlieferungen, Darlehensverträgen. Sie sind keine Teilhaber und daher weder am Gewinn noch am Verlust des Unternehmens beteiligt. Für die Gewährung des Darlehens erhalten sie eine feste Verzinsung.

Die Gesellschaft des bürgerlichen Rechts

80 Was ist eine Gesellschaft des bürgerlichen Rechts?

Die Gesellschaft des bürgerlichen Rechts (BGB-Gesellschaft) ist ein dauerhafter oder vorübergehender Zusammenschluß (auch Gelegenheitsgesellschaft genannt) mehrerer Personen zur Erreichung eines gemeinsamen Zieles.

Die BGB-Gesellschaft wird nicht ins Handelsregister eingetragen und führt keine Firma.

Die Bildung einer BGB-Gesellschaft ist angebracht,

- wenn größere Geschäfte mit hohem Kapitaleinsatz durchgeführt werden sollen, z.B. Bau von Hochhäusern;
- wenn das Risiko eines Geschäftes für einen allein zu groß ist, z.B. die Versicherung eines Seeschiffes.

3.4 Kapitalgesellschaften

81 Nennen Sie die Merkmale der Kapitalgesellschaften!

Merkmale der **Kapitalgesellschaften** sind:

- Sie sind **juristische Personen,** d.h. Gesellschaften mit eigener Rechtspersönlichkeit (sie besitzen Rechtsfähigkeit);

- das aufgebrachte Kapital steht im Vordergrund;
- der Bestand der Kapitalgesellschaft wird durch die Übertragung der Gesellschafteranteile nicht beeinflußt;
- für Schulden der Gesellschaft haftet nicht das persönliche Vermögen der Gesellschafter (Ausnahme: Komplementär der KGaA);
- sie werden vertreten durch ihre Organe (Vorstand, Aufsichtsrat);
- sie entstehen durch die Eintragung ins Handelsregister.

82 Welche Gründe führen zur Auflösung von Kapitalgesellschaften?

Eine Kapitalgesellschaft wird aufgelöst
- durch Ablauf der in der Satzung bestimmten Zeit,
- durch Gesellschafterbeschluß mit qualifizierter Mehrheit (= $^3/_4$-Mehrheit),
- durch die Eröffnung des Konkursverfahrens,
- durch gerichtliches Urteil oder durch Entscheidung der Verwaltungsbehörde, wenn die Gesellschaft das Allgemeinwohl gefährdet.

Die Gesellschaft mit beschränkter Haftung (GmbH)

83 Was ist eine GmbH?
*

Die **GmbH** ist eine Kapitalgesellschaft (juristische Person), deren Gesellschafter nur mit ihrer Einlage haften. Sie kann zu jedem gesetzlich zulässigen Zweck durch eine (Ein-Mann-GmbH) oder mehrere Personen errichtet werden. Das Stammkapital muß mindestens 50000,— DM, die Stammeinlage mindestens 500,— DM betragen.

84 Welche Rechte und Pflichten haben die Gesellschafter der GmbH?

Zu den Rechten der Gesellschafter zählen:
- Recht auf Anteil am Gewinn (im Verhältnis der Anteile, falls in der Satzung nichts anderes vereinbart ist),
- Stimmrecht in der Gesellschafterversammlung (Abstimmung nach Geschäftsanteilen),
- Recht auf Liquidationserlös.

Zu den Pflichten der Gesellschafter zählen:
- Einlagepflicht,
- beschränkte Haftpflicht,
- Verlustbeteiligung,
- Nachschußpflicht, falls die Satzung dies vorsieht.

85 Nennen Sie die Organe der GmbH und deren Aufgaben!

Organe der GmbH sind Geschäftsführung, Aufsichtsrat und Gesellschafterversammlung.

Aufgaben der **Geschäftsführung** sind:
- Geschäftsführung (nach innen),
- Vertretung (nach außen).

Aufgaben des **Aufsichtsrats** sind:

- Überwachung der Geschäftsführung,
- Prüfung des Jahresabschlusses,
- Bericht darüber an die Gesellschafterversammlung.

Ein Aufsichtsrat ist nur für Gesellschaften mit mehr als 500 Arbeitnehmern gesetzlich vorgeschrieben.

Aufgaben der **Gesellschafterversammlung** sind:

- Feststellung der Jahresbilanz und Verteilung des Reingewinns,
- Bestellung und Abberufung von Geschäftsführern,
- Überwachung der Geschäftsführung,
- Bestellung von Prokuristen und Generalhandlungsbevollmächtigten.

86 Welche Gründe sprechen für die GmbH?
*

Die GmbH bietet folgende Vorteile:

- die elastische Unternehmensführung einer Personengesellschaft,
- die Beschränkung der Haftung auf das Gesellschaftsvermögen,
- das geringe Stammkapital.

87 Erläutern Sie die GmbH & Co. KG!

GmbH & Co. KG bedeutet, daß die GmbH einziger Komplementär einer Kommanditgesellschaft ist. Die Gesellschafter der GmbH sind i. d. R. gleichzeitig Kommanditisten der KG.

Für diese Gesellschaftsform spricht vor allem die Haftungsbeschränkung innerhalb der Personengesellschaft.

Der Vollhafter (die GmbH) haftet nur mit dem Gesellschaftsvermögen; die Teilhafter haften nur bis zur Höhe ihrer Einlage.

Die Aktiengesellschaft (AG)

88 Was ist eine AG?
*

Eine **AG** ist eine Kapitalgesellschaft (juristische Person), die ein in Aktien (s. Frage 430ff.) zerlegtes Grundkapital besitzt. Die Teilhaber (Aktionäre) haften nur mit ihrer Einlage und haben weder Geschäftsführungs- noch Vertretungsbefugnis.

89 Welche Gründungsvoraussetzungen bestehen für die AG?
*

Folgende Voraussetzungen sind zu erfüllen:

- mindestens 5 Personen (Gründer) sind erforderlich;
- das Grundkapital muß mindestens 100000,— DM betragen (Bar- oder Sachgründung);
- der Mindestnennbetrag der Aktien ist 50,— DM, höhere Aktienbeträge müssen auf volle 100,— DM lauten;
- die Satzung bedarf der notariellen Beurkundung;
- Eintragung ins Handelsregister Abteilung B.

90 Welche Rechte und Pflichten haben die Aktionäre? *

Rechte der Aktionäre sind:

- Stimmrecht (nach Aktienanteilen) und Auskunftsrecht in der Hauptversammlung,
- Recht auf Anteil am Gesellschaftsvermögen bei einer Auflösung der AG (nach Befriedigung aller Gläubiger),
- Recht auf Anteil am Gewinn (Dividende),
- Bezugsrecht bei Ausgabe neuer Aktien.

Pflichten der Aktionäre sind:

- Pflicht zur Kapitaleinlage,
- beschränkte Haftpflicht (in Höhe der Einlage).

91 Nennen Sie die Organe der AG! *

Die AG besitzt drei verfassungsmäßige Organe:

Der Vorstand (leitendes Organ) wird vom Aufsichtsrat für höchstens fünf Jahre gegen festes Gehalt und Gewinnanteile (Tantiemen) bestellt und besteht aus einem oder mehreren Mitgliedern. Eine wiederholte Bestellung oder Verlängerung der Amtszeit, jeweils für fünf Jahre, ist zulässig.

Der Aufsichtsrat (überwachendes Organ) besteht je nach Höhe des Grundkapitals aus mindestens drei und höchstens einundzwanzig Mitgliedern, die für höchstens vier Jahre gewählt werden (nach AktG). Sie erhalten eine Aufwandsentschädigung und oftmals Tantieme.

Die Hauptversammlung (beschließendes Organ) besteht aus den Aktionären und deren Vertretern (z. B. Banken, die das Depotstimmrecht ausüben). Es wird nach Aktiennennbeträgen abgestimmt. Beschlüsse der HV bedürfen der notariellen Beurkundung.

92 Welche Aufgaben hat der Vorstand der AG?

Zu den **Aufgaben des Vorstandes** gehören:

- Geschäftsführung und Vertretung,
- Sorgfalts- und Haftpflicht,
- Beachtung des Wettbewerbsverbots (s. Frage 595).

93 Welche Aufgaben hat der Aufsichtsrat der AG? *

Aufgaben des Aufsichtsrats sind:

- Wahl des Vorstandes,
- Überwachung des Vorstandes und dessen Geschäftsführung,
- Prüfung des Jahresabschlusses (Jahresbilanz, GuV-Rechnung und Anhang) und des Lageberichts,
- Bericht über Jahresabschluß und Lagebericht an die Hauptversammlung,
- Vorschlag für die Gewinnverteilung.

94 Welche Aufgaben hat die Hauptversammlung der AG? *

Zu den **Aufgaben der Hauptversammlung** zählen:

- Die Bestellung der von den Anteilseignern zu wählenden Aufsichtsratsmitglieder,
- die Entscheidung über die Verwendung des Bilanzgewinns,
- die Entlastung des Vorstandes und des Aufsichtsrats,

- die Bestellung der Abschlußprüfer,
- Beschlüsse über Satzungsänderungen ($^3/_4$-Mehrheit).

95 Welche wirtschaftliche Bedeutung hat die AG?
*

Die Bedeutung der AG ist vor allem in folgendem zu sehen:

- das oft sehr hohe Grundkapital wird meist von einer größeren Zahl von Kapitalgebern aufgebracht, dadurch können große wirtschaftliche Aufgaben verwirklicht werden;
- die AG ist die typische Form der Großunternehmung, vor allem in der Industrie, bei Versicherungen und Banken;
- durch relativ kleine Kapitalanteile wird eine breite Streuung des Eigentums am Produktionsvermögen erzielt;
- die Aktie ist ein beliebtes Anlagemittel, da sie leicht wieder veräußert werden kann.

96 Warum muß die AG den Jahresabschluß veröffentlichen?

Anteile an einer AG können grundsätzlich von jedem erworben werden, d.h., die AG ist eine Publikumsgesellschaft. Aus diesem Grund hat der Gesetzgeber die (große) AG verpflichtet, den Jahresabschluß im Bundesanzeiger zu veröffentlichen **(Publikationspflicht)**. Er gibt der interessierten Öffentlichkeit Auskunft über die wirtschaftliche Situation des Unternehmens.

97 Was ist eine KGaA?

Die **Kommanditgesellschaft auf Aktien** (KGaA) ist eine Mischform von KG und AG und besitzt eigene Rechtspersönlichkeit. Mindestens ein Gesellschafter haftet persönlich mit seinem gesamten Vermögen (Komplementär); die übrigen Gesellschafter haften nur mit ihrer Einlage, die in Aktien verbrieft ist (Kommanditisten, Kommanditaktionäre). Die KGaA verfügt über die gleichen Organe wie die AG. Die Komplementäre (Geschäftsinhaber) bilden den unabsetzbaren Vorstand der KGaA.

Die selten vorkommende Rechtsform der KGaA wird dann gewählt, wenn der Geschäftsinhaber das Gesellschaftskapital erheblich vergrößern will, ohne den neuen Gesellschaftern ein zu großes Mitspracherecht gewähren zu müssen.

3.5 Genossenschaften

98 Was ist eine Genossenschaft?
*

Genossenschaften sind Gesellschaften mit nicht geschlossener Mitgliederzahl, welche den Erwerb oder die Wirtschaft ihrer Mitglieder (Genossen) mittels eines gemeinschaftlichen Geschäftsbetriebes fördern wollen.

Grundsätzlich haftet den Gläubigern für die Verbindlichkeiten der Genossenschaft nur das Vermögen der Genossenschaft. Die Genossenschaft firmiert mit dem Zusatz eG.

99 Welche Gründungsvoraussetzungen bestehen für die Genossenschaft?

Gründungsvoraussetzungen für eine Genossenschaft sind:

- mindestens sieben Mitglieder (keine Begrenzung nach oben),
- schriftlicher Gesellschaftsvertrag (Statut),
- Eintragung ins Genossenschaftsregister (konstitutive Wirkung: Formkaufmann).

100 Nennen Sie Rechte und Pflichten der Genossen!

Rechte und Pflichten der Genossen (geregelt im Statut) sind:

- Stimmrecht (nach Köpfen),
- Recht auf Gewinnanteil,
- Kündigungsrecht,
- Einlagepflicht,
- Nachschußpflicht.

101 Nennen Sie die Organe der Genossenschaft und deren Aufgaben!

Die **Organe** der Genossenschaft und deren **Aufgaben** sind:

Der **Vorstand:** Er setzt sich aus mindestens zwei von der Generalversammlung gewählten Genossen zusammen; ihm obliegt die Geschäftsführungs- und die Vertretungsbefugnis.

Der **Aufsichtsrat:** Er besteht aus mindestens drei Genossen; seine Rechte entsprechen denen der Aufsichtsratsmitglieder der AG.

Die **Generalversammlung:** Sie ist das oberste Entscheidungsorgan und beschließt insbesondere über die Führung der Geschäfte und die Gewinnverteilung; ihre Rechte entsprechen denen der Hauptversammlung der AG.

102 Welche Arten von Genossenschaften unterscheidet man?

Man unterscheidet folgende **Arten von Genossenschaften:**

- Einkaufsgenossenschaften (gemeinsamer Bezug von Waren),
- Absatzgenossenschaften (gemeinsamer Verkauf von Waren),
- Kreditgenossenschaften (Gewährung von Krediten),
- Baugenossenschaften (Bau von Wohnungen),
- Betriebsgenossenschaften (Beschaffung von Maschinen und Anlagen zur gemeinsamen Nutzung),
- Verbrauchergenossenschaften (Konsumgenossenschaften; Zusammenschluß von privaten Haushalten zum gemeinsamen Einkauf).

103 Was ist ein Versicherungsverein auf Gegenseitigkeit?

Der Versicherungsverein auf Gegenseitigkeit (VVaG) ist eine genossenschaftliche Rechtsform der Privatversicherung, deren Mitglieder zugleich Versicherungsnehmer und Versicherer sind. Der Verein hat die gleichen Organe wie die Genossenschaft.

3.6 Unternehmenszusammenschlüsse

104 Aus welchen Gründen schließen sich Unternehmen zusammen?
*

Ziele von **Unternehmenszusammenschlüssen** sind:

- Erringen wirtschaftlicher Macht (durch Ausschalten der Konkurrenz und des Wettbewerbs),
- Vergrößerung der Kapitalbasis,
- Verbesserung der Produktionsverhältnisse (Normung, Nutzung von Patenten, Entwicklung neuer Verfahren),
- Risikoverteilung,
- Ausnutzung steuerlicher Vorteile.

105 Welche Vor- und Nachteile können Unternehmenszusammenschlüsse haben?
*

Vorteile von Unternehmenszusammenschlüssen können sein:

- Nutzung des technischen Fortschritts in der Produktion (größere Produktionsanlagen, Senkung der Stückkosten durch Massenproduktion, mehr Forschungsarbeit),
- Verbesserung der Finanzierung.

Nachteile können sein:

- Ausschaltung des Wettbewerbs,
- willkürliche Festlegung von (überhöhten) Preisen,
- Mißbrauch der wirtschaftlichen Macht (z. B. Beeinflussung der Wirtschaftspolitik eines Landes).

106 Welche Arten von Unternehmenszusammenschlüssen gibt es?
*

Entsprechend dem Grad der wirtschaftlichen und rechtlichen Verflechtung der zusammengeschlossenen Unternehmen unterscheidet man:

- Kartell,
- Interessengemeinschaft,
- Konzern,
- Trust.

Dabei können die Zusammenschlüsse sein:

- horizontal, d.h., Unternehmen einer Branche schließen sich zusammen;
- vertikal, d.h., Unternehmen verschiedener Produktionsstufen schließen sich zusammen;
- anorganisch, d.h. Unternehmen verschiedener Branchen schließen sich zusammen.

107 Was ist ein Kartell?
*

Kartelle sind vertragsmäßige (horizontale) Zusammenschlüsse rechtlich selbständig bleibender Unternehmen, deren wirtschaftliche Selbständigkeit in bestimmtem Umfang aufgegeben wird.

108 Nennen und beschreiben Sie die wichtigsten Kartellarten!

Arten des Kartells sind:

- Preiskartell: einheitliche Regelung von Preisen;
- Konditionenkartell: Geschäfts-, Lieferungs- und Zahlungsbedingungen werden abgesprochen;
- Rabattkartell: Rabattgewährung wird vereinheitlicht;
- Produktionskartell (Quotenkartell, Zuteilungskartell): Jedem Mitglied wird eine bestimmte Produktionsmenge vorgeschrieben;
- Export- und Importkartell: Export- und Importmaßnahmen werden abgesprochen;
- Krisenkartell: In Krisenzeiten sollen Absprachen den Fortbestand der Branche sichern;
- Rationalisierungskartell: Normen und Typen werden festgelegt;
- Gebietskartell: Jedem Mitglied werden Absatzgebiete zugeteilt;
- Syndikat: Der Vertrieb der Erzeugnisse erfolgt über eine gemeinsame Verkaufsorganisation.

109	Was ist eine Interessen-gemeinschaft?	Bei der **Interessengemeinschaft** (IG) schließen sich rechtlich selbständige Unternehmen (meist horizontal) zusammen, schränken aber ihre wirtschaftliche Selbständigkeit stärker ein als beim Kartell. Ziele des Zusammenschlusses können sein: ● Gewinngemeinschaften (Gewinne werden nach einem bestimmten Schlüssel verteilt), ● gemeinsame Forschung und Entwicklung. Die IG ist meistens die Vorstufe zum Konzern.
110	Was ist ein Konzern? *	Der **Konzern** ist ein Zusammenschluß (horizontal, vertikal oder anorganisch) rechtlich selbständiger Betriebe, der unter einheitlicher Leitung wirtschaftliche Zwecke verfolgt. Die wirtschaftliche Selbständigkeit wird völlig aufgegeben. In der Regel liegt auch eine kapitalmäßige Bindung der Unternehmen in Form von Beteiligungen (Aktienanteile) vor.
111	Was ist ein Trust? *	Im **Trust** geben die angeschlossenen Betriebe neben der wirtschaftlichen (kapitalmäßigen) auch die rechtliche Selbständigkeit auf. Durch Fusion (Verschmelzung) entsteht eine einzige Unternehmung, und zwar entweder durch Aufnahme anderer Unternehmen oder durch Gründung einer neuen Gesellschaft.
112	Welche Bedeutung hat das Kartellgesetz? *	Die Unternehmenszusammenschlüsse wollen im allgemeinen den Wettbewerb einschränken und widersprechen dadurch den Zielen der marktwirtschaftlichen Ordnung. Folglich ist im Gesetz gegen Wettbewerbsbeschränkung (GWB, **Kartellgesetz**) die Bildung von Kartellen, welche den Wettbewerb einengen, grundsätzlich verboten (Verbotsgrundsatz, s. Frage 649).
113	Unterscheiden Sie anmelde- und genehmigungspflichtige Kartelle!	Ausnahmen zum Verbotsgrundsatz sind: 1. **anmeldepflichtige Kartelle** (müssen beim Bundeskartellamt in Berlin angemeldet werden), ● Konditionenkartelle, ● Rabattkartelle, ● Normen- und Typenkartelle, ● reine Exportkartelle; 2. **genehmigungspflichtige Kartelle** (werden auf Antrag von der Kartellbehörde genehmigt), ● Krisenkartelle, ● Rationalisierungskartelle, ● Im- und Exportkartelle. Alle Kartelle sind im Kartellregister einzutragen.

3.7 Krisen der Unternehmung

114 Nennen Sie Gründe für betriebliche Zahlungsschwierigkeiten!

Gründe für betriebliche **Zahlungsschwierigkeiten** (vorübergehend oder dauernd) sind vor allem:

- Veränderung der Verhältnisse auf Beschaffungs-, Kapital- und Absatzmärkten, z. B. stark gestiegene Rohstoffpreise, steigende Zinsen, Geschmackswandel bei den Verbrauchern;
- innerbetriebliche Gründe, wie mangelhafte Planung, Organisation und Kontrolle;
- zunehmende Verschuldung durch zu hohe Kreditgewährung an Kunden, unangemessen hohe Privatentnahmen, risikovolle Finanzpolitik.

115 Welche Maßnahmen können bei betrieblichen Zahlungsschwierigkeiten ergriffen werden?
*

Maßnahmen bei betrieblichen Zahlungsschwierigkeiten sind:

- Sanierung,
- Vergleich,
- Liquidation und Gesamtveräußerung,
- Konkurs.

Sanierung

116 Was versteht man unter Sanierung?
*

Unter **Sanierung** versteht man alle Maßnahmen finanzierungstechnischer und organisatorischer Art, die der Wiederherstellung der Leistungfähigkeit und Rentabilität einer Unternehmung dienen sollen.

117 Welche Sanierungsmaßnahmen gibt es?

Man unterscheidet folgende **Sanierungsmaßnahmen:**

- organisatorische Maßnahmen, z. B. Umstellungen im kaufmännischen und technischen Betriebsablauf, Veränderungen des Personalbestands und der Personalstruktur, Änderung des Produktionsprogrammes;
- finanzierungstechnische Maßnahmen, z. B. Kapitalherabsetzung, Auflösung offener und stiller Rücklagen, Zuführung neuer Mittel durch Gesellschafter, Veränderungen des Fremdkapitals (Umwandlung kurzfristiger Kredite in langfristige, Umwandlung von Krediten in Eigenkapital), Verkauf von Sachwerten.

Vergleich

118 Was ist ein Vergleich?
*

Beim **Vergleich** gewähren die Gläubiger dem in Zahlungsschwierigkeiten geratenen Unternehmen einen Zahlungsaufschub, oder sie verzichten teilweise auf ihre Forderungen, um das Unternehmen zu erhalten und wieder funktionsfähig zu machen.

119 Welche Arten des Vergleichs unterscheidet man?

Folgende **Vergleichsarten** werden unterschieden:

- außergerichtlicher Vergleich (freiwilliger Vergleich, Akkord),

3 Groh/Schröer ISBN 3-8120-0266-6

- gerichtlicher Vergleich (zur Abwendung eines drohenden Konkurses),
- Zwangsvergleich (zur Aufhebung eines Konkursverfahrens).

120 Was ist der außergerichtliche Vergleich?

Beim **außergerichtlichen Vergleich** versucht der in Zahlungsschwierigkeiten geratene Unternehmer, ohne Mithilfe des Gerichts einen Zahlungsaufschub **(Stundungsvergleich)** oder einen teilweisen Forderungsverzicht der Gläubiger (**Erlaßvergleich)** zu erreichen. Der Gläubiger erhofft sich dabei eine höhere Rückzahlungsquote als beim Konkurs. Ein Vorteil für den Schuldner ist darin zu sehen, daß die Öffentlichkeit über diesen Vergleich nicht informiert wird.

121 Was ist der gerichtliche Vergleich?

Der **gerichtliche Vergleich** ist ein Verfahren zur Abwendung eines Konkurses von – ohne eigenes Verschulden – in Not geratenen Schuldnern, wenn erwartet werden kann, daß eine Mindestquote (mindestens 35 % der Forderungen müssen bezahlt werden) erfüllt und das Unternehmen erhalten werden kann.

122 Was ist der Zwangsvergleich?

Beim **Zwangsvergleich** wird ein bereits eröffnetes Konkursverfahren aufgehoben, wobei das Unternehmen am Leben erhalten wird. Die bevorrechtigten Gläubiger müssen voll befriedigt werden; den nicht bevorrechtigten Gläubigern muß ein Vergleichsvorschlag unterbreitet werden, der mindestens 20 % der nicht bevorrechtigten Forderungen betragen muß. In jedem Falle aber muß der Vergleichsvorschlag günstiger sein als die Konkursquote beim weitergeführten Konkurs.

Liquidation

123 Was ist Liquidation?
*

Liquidation (Einzelveräußerung) ist die freiwillige Auflösung einer Unternehmung durch die Veräußerung aller Vermögensteile. Alle bestehenden Schulden werden beglichen, der Überschuß verbleibt dem Unternehmer.

124 Unterscheiden Sie Einzel- und Gesamtveräußerung!

Ist ein Unternehmen nicht mehr lebensfähig, so ist der Gesamtwert i.d.R. niedriger als die Summe der Werte der einzelnen Vermögensgegenstände (Unternehmungsminderwert). Es ist dann vorteilhafter, die Vermögensgegenstände einzeln zu veräußern (Liquidation).

Bei einem noch lebensfähigen Unternehmen ist der Gesamtwert i.d.R. höher als die Summe der Werte der einzelnen Vermögensteile (Unternehmensmehrwert). Eine Gesamtveräußerung ist hier günstiger als eine Liquidation.

125 Welche Auflösungsgründe gibt es?

Man unterscheidet:

1. persönliche Auflösungsgründe,
   - Krankheit, hohes Alter oder Tod des Unternehmers,
   - Streitigkeiten zwischen den Erben oder den Gesellschaftern,
   - Ausscheiden eines oder mehrerer Gesellschafter;

2. sachliche Auflösungsgründe,
   - Erreichung des Unternehmenszieles,
   - Störungen des Unternehmens, die nicht zu beheben sind,
   - aussichtslose Lage des Unternehmens als Folge der allgemeinen Wirtschaftslage oder des zu starken Wettbewerbs.

Konkurs

126 Was versteht man unter einem Konkurs?
*

Konkurs ist die zwangsweise (gerichtliche) Auflösung einer Unternehmung wegen Zahlungsunfähigkeit (Insolvenz) des Schuldners. Das gesamte pfändbare Vermögen wird gleichmäßig an die Konkursgläubiger verteilt.

127 Was ist ein Anschlußkonkurs?

Der **Anschlußkonkurs** ist ein Konkursverfahren, das sich an ein gescheitertes Vergleichsverfahren anschließt. Die Vergleichsgläubiger müssen ihre Forderungen in diesem Falle neu anmelden.

128 Was ist die Konkursmasse?

Unter **Konkursmasse** versteht man das gesamte einer Zwangsvollstreckung unterliegende Vermögen des Gemeinschuldners bei Konkurseröffnung. Pfändungsfreie Gegenstände gehören nicht zur Konkursmasse, z. B. notwendige Kleidungsstücke, Haushaltsgeräte, Sachen, die der Berufsausübung dienen (Schreibmaschine, Werkzeuge).

129 Unterscheiden Sie Aussonderung und Absonderung!

Die Konkursmasse verringert sich um Sachen, die dem Schuldner nicht gehören (Aussonderung), z. B. unter Eigentumsvorbehalt gelieferte Waren, und um Sachen, die mit einem fremden Recht belastet sind (Absonderung), z. B. Hypothek, Pfandrecht an beweglichen Sachen, Sicherungsübereignung.

130 Was ist Aufrechnung?

Forderungen des Konkursschuldners gegenüber einem Gläubiger können verrechnet werden **(Aufrechnung).**

131 Was ist Anfechtbarkeit?

Rechtshandlungen, die vor der Eröffnung des Konkursverfahrens vorgenommen wurden, können von den Konkursgläubigern angefochten werden, falls die Konkursmasse dadurch verringert wurde **(Anfechtbarkeit).**

132 In welcher Reihenfolge wird die Konkursmasse verteilt?

Nach Berücksichtigung der Aussonderung, Absonderung, Aufrechnung und Anfechtung werden die Gläubiger in folgender Reihenfolge befriedigt:

- Massegläubiger wegen **Masseschulden** (nach der Konkurseröffnung entstandene Schulden, z. B. durch Zukäufe, Miete) und **Massekosten** (z. B. Gerichtskosten);
- bevorrechtigte Gläubiger, z. B. Lohn- und Gehaltsempfänger;
- nicht bevorrechtigte Gläubiger.

133 Was ist die Konkursquote?
*

Da die Konkursmasse nicht ausreicht, alle Gläubiger voll zu befriedigen, erhalten die nicht bevorrechtigten Gläubiger nur einen Bruchteil ihrer Forderungen. Die **Konkursquote** (Konkursdividende) ist der Prozentsatz, welcher das Verhältnis wiedergibt zwischen der Restmasse und den nicht bevorrechtigten Forderungen.

134 Was bedeutet Abweisung mangels Masse?

Ist eine den Kosten des Verfahrens entsprechende Konkursmasse nicht vorhanden, kann das Gericht den Eröffnungsantrag **„mangels Masse"** ablehnen.

135 Wodurch unterscheiden sich einfacher und betrügerischer Bankrott?

Bankrott ist ein schuldhafter Konkurs.

Wird dem Konkursschuldner Fahrlässigkeit nachgewiesen, z.B. mangelhaft geführte Bücher, so liegt ein **einfacher Bankrott** vor.

Betrügerischer Bankrott ist dann gegeben, wenn der Gemeinschuldner in der Absicht, seine Gläubiger zu schädigen (Vorsatz), z.B. Vermögensgegenstände verheimlicht oder veräußert oder Bücher vernichtet hat.

4 Die Produktion

4.1 Betriebsmittel und Werkstoffe

136 Welche Produktionsfaktoren werden unterschieden?
*

Der Leistungsprozeß im Betrieb erfordert die Kombination von drei **Produktionsfaktoren:**

- menschliche Arbeitsleistung (ausführende und dispositive Arbeit),
- Betriebsmittel (Maschinen, Werkzeuge),
- Werkstoffe (Roh-, Hilfs- und Betriebsstoffe, Fertigerzeugnisse).

137 Was sind Betriebsmittel?

Unter dem Begriff **Betriebsmittel** werden zusammengefaßt:

- Werkzeuge: sie dienen der Unterstützung der menschlichen Arbeitskraft;
- Maschinen: sie können die menschliche Arbeitskraft unterstützen, aber auch teilweise oder ganz ersetzen (z.B. halb- oder vollautomatische Maschinen).

138 Was ist Abschreibung?
*

In jedem Betrieb gibt es Betriebsmittel, die nicht in einer Periode verbraucht werden, sondern dem Betrieb über längere Zeit hinweg zur Verfügung stehen. Die Wertminderung wird für jede Periode gesondert ermittelt, d.h., die Anschaffungskosten werden auf die Dauer der Nutzungszeit verteilt; den Wertverzehr bezeichnet man als **Abschreibung.**

139 Welche Abschreibungsursachen gibt es?
*

Gründe der Abschreibung sind:

1. Verbrauch der Betriebsmittel,
   - die Anlagegüter werden durch Gebrauch abgenutzt,
   - die Betriebsmittel unterliegen einem natürlichen Verschleiß;

2. Wertminderung durch wirtschaftliche Veränderungen,
   - es werden neue und bessere Anlagegüter entwickelt,
   - es gibt Nachfrageverschiebungen auf dem Absatzmarkt.

140 Welche Abschreibungsarten unterscheidet man?
*

Entsprechend der Berechnung unterscheidet man:
- lineare Abschreibung,
- degressive Abschreibung,
- variable Abschreibung.

141 Beschreiben Sie die lineare Abschreibung!
*

Bei der **linearen Abschreibung** werden die Abschreibungsquoten durch die Division der Anschaffungskosten eines Anlagegutes durch die geschätzte Lebensdauer ermittelt.

$$\text{Abschreibung} = \frac{\text{Anschaffungswert}}{\text{geschätzte Nutzungsdauer}}$$

Diese Methode zeichnet sich durch eine einfache Berechnung und Anwendung aus, läßt aber die tatsächlich eingetretene Wertminderung unberücksichtigt.

142 Beschreiben Sie die degressive Abschreibung!
*

Die **degressive Abschreibung** arbeitet mit sinkenden Abschreibungsbeträgen; diese sind im ersten Jahr der Nutzung am höchsten, im letzten am geringsten. Ihre Anwendung wird mit dem hohen Wertverlust in den ersten Nutzungsjahren begründet. Man unterscheidet
- arithmetisch-degressive,
- geometrisch-degressive Abschreibung.

143 Beschreiben Sie die arithmetisch-degressive Abschreibung!

Bei der **arithmetisch-degressiven** (digitalen) Methode verringert sich der Abschreibungsbetrag pro Jahr um denselben Betrag.

$$\text{Degressionsbetrag} = \frac{\text{Anschaffungskosten}}{\text{Summe der Jahresziffern}}$$

$$\text{Abschreibung} = \text{Degressionsbetrag} \cdot \text{Jahresziffern in fallender Reihe}$$

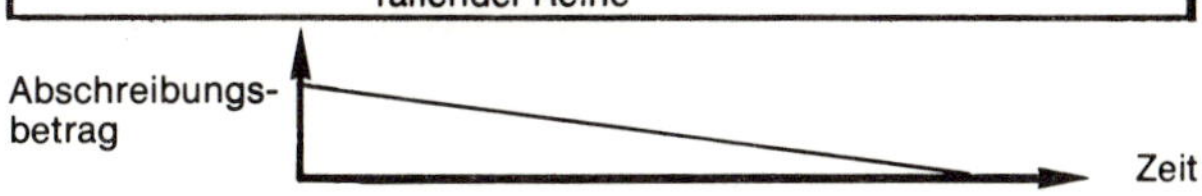

144 Beschreiben Sie die geometrisch-degressive Abschreibung!

Bei der **geometrisch-degressiven** Methode wird die jährliche Abschreibungsquote als fester Prozentsatz vom jeweiligen Restbuchwert ermittelt. Eine volle Abschreibung bis zum Restbuchwert von Null wird nicht erreicht.

145 Stellen Sie die drei Abschreibungsarten gegenüber!

Die lineare Abschreibung (A), die arithmetisch-degressive Abschreibung (B) und die geometrisch-degressive Abschreibung (C) unterscheiden sich bezüglich

1. Abschreibungsgrundlage,
   - für A: Anschaffungswert,
   - für B: Anschaffungswert,
   - für C: Restbuchwert;
2. Abschreibungsbetrag (pro Periode),
   - für A: gleichbleibend,
   - für B: fallend,
   - für C: fallend;
3. Restwert,
   - für A: Null,
   - für B: Null,
   - für C: Null wird nicht erreicht.

146 Beschreiben Sie die variable Abschreibung!

Bei der **variablen Abschreibung** (Leistungsabschreibung) richtet sich die Abschreibungsquote nach der Beanspruchung der Anlagen. Man dividiert die Anschaffungskosten durch die geschätzte Zahl der mit der Anlage zu bearbeitenden Produkte bzw. zu leistenden Stunden und erhält den Abschreibungsbetrag je Produkt bzw. je Arbeitsstunde.

147 Was bedeutet Kapazität?

Unter **Kapazität** versteht man das Leistungsvermögen eines Betriebsmittels je Periode. Jede Anlage besitzt eine technische Maximalkapazität, die nicht überschritten werden kann, und eine wirtschaftliche Kapazität, bei der die Ausbringungsmenge vom wirtschaftlichen Standpunkt optimal ist.

148 Was bedeutet Kapazitätsausnutzungsgrad?

Das Verhältnis von Kapazität und tatsächlicher Ausnutzung der Kapazität bezeichnet man als **Kapazitätsausnutzungsgrad** (Beschäftigungsgrad).

149 Was sind Werkstoffe?

Unter **Werkstoffe** versteht man alle Roh-, Hilfs- und Betriebsstoffe, die als Ausgangs- und Grundstoffe für die Erstellung neuer Produkte dienen.

150 Unterscheiden Sie Roh-, Hilfs- und Betriebsstoffe!

Rohstoffe sind Hauptbestandteile der Fertigerzeugnisse, z. B. Holz oder Kunststoff bei der Möbelproduktion.

Hilfsstoffe sind Nebenbestandteile der Fertigerzeugnisse. Eine Erfassung pro Stück ist nicht erforderlich, da sie wert- und mengenmäßig unbedeutend sind, z. B. Leim in der Möbelproduktion.

Betriebsstoffe gehen nicht in das Produkt ein, sie werden bei der Produktion verbraucht, z. B. Energie.

4.2 Beschaffung und Lagerhaltung

151 Welche Überlegungen gehen der Beschaffung voraus?

Der Beschaffung gehen voraus:

- Ermittlung des Bedarfs,
- Preisvergleiche (insbesondere Rabattvergleich),
- Vergleiche der Liefer- und Zahlungsbedingungen,
- Qualitätsvergleiche,
- Prognose über die zukünftige Preisentwicklung.

152 Was ist die optimale Beschaffungsmenge?
*

Der Ermittlung der **optimalen Beschaffungsmenge** (Bestellmenge) liegen folgende Überlegungen zugrunde:

1. Große Beschaffungsmengen
   - bieten Preisvorteile durch hohe Nachlässe,
   - machen den Betrieb von Schwankungen des Beschaffungsmarktes unabhängiger,
   - führen aber zu hohen Lager- und Kapitalkosten (infolge der hohen Lagerbestände),
   - bergen die Gefahr des Absatzrisikos (Ladenhüter).
2. Kleine Beschaffungsmengen
   - verursachen geringe Kapital- und Lagerkosten,
   - bieten eine hohe Flexibilität und Anpassungsmöglichkeit an den Markt,
   - erhöhen aber die Transport- und Bestellkosten,
   - ermöglichen keine großen Preisvorteile,
   - führen bei Beschaffungsproblemen sofort zu Engpässen.
3. Die **optimale Beschaffungsmenge**
   - liegt zwischen der großen und kleinen Beschaffungsmenge,
   - versucht, deren Vor- und Nachteile gegenseitig auszugleichen.

153 Was ist der eiserne Bestand?
*

Der **eiserne Bestand** (Mindest- oder Reservebestand) ist diejenige Vorratsmenge, die ständig auf Lager sein muß, um auch bei unvorhergesehenen Störungen eine reibungslose Abwicklung des Betriebsgeschehens zu ermöglichen.

154 Was ist der Meldebestand?
*

Der **Meldebestand** ist der Lagerbestand, bei dessen Erreichen neu bestellt werden muß. Er muß so groß sein, daß unter Berücksichtigung des Verbrauchs und der Bestell- und Lieferzeit der eiserne Bestand nicht angegriffen wird.

Meldebestand = eiserner Bestand + Tagesverbrauch · Lieferzeit

155 Welche Aufgaben hat die Lagerhaltung?

Aufgaben der **Lagerhaltung** sind:

- Sicherung der Liefer- und Produktionsbereitschaft,
- Zeitausgleich: Zeit zwischen Lieferung und Bedarf bzw. zwischen Produktion und Absatz wird überbrückt,
- Mengenausgleich: Lager schafft einen Ausgleich zwischen der beschafften und der nach und nach benötigten Menge,

- Ausnutzung von Preisvorteilen: Rabattgewährung und Kauf vor Preissteigerungen.

156 Wie erfolgt die Kontrolle der Lagerbestände?

Die **Kontrolle der Lagerbestände** erfolgt durch

- Lageraufzeichnungen (Lagerbuchführung), sie dienen zur Feststellung der eingehenden, vorhandenen und ausgehenden Materialien nach Art, Menge und Wert. Im Lager werden Lagerkarten geführt, auf denen die Lagervorgänge anhand von Lieferscheinen und Materialentnahmescheinen verzeichnet werden;
- Bestandsaufnahmen (Stichtagsinventur und permanente Inventur);
- Lagerkennzahlen (s. Fragen 370ff.).

157 Unterscheiden Sie Stichtagsinventur und permanente Inventur!
*

Bei der **Stichtagsinventur** werden alle Bestände an einem Tag erfaßt.

Bei der **permanenten Inventur** erfolgt die Bestandsaufnahme während des ganzen Jahres (andauernde Inventur).

158 Was ist zentralisierte Lagerung?

Bei der **zentralisierten Lagerung** werden die Vorräte eines Betriebes an einem Ort gelagert. Dieser sollte möglichst günstig zwischen den Produktions- bzw. Verkaufsstätten liegen.

- Die Vorteile liegen in den niedrigen Raum- und Personalkosten und in der besseren Übersicht über den gesamten Lagerbestand.
- Die Nachteile sind in den großen Anfahrtswegen und dem dadurch bedingten Fuhrpark zu sehen.

159 Was ist dezentralisierte Lagerung?

Bei der **dezentralisierten Lagerung** hat jede Produktions- bzw. Verkaufsstätte ein eigenes Lager.

- Die Vorteile sind in der Flexibilität und der schnellen Marktanpassung zu sehen.
- Die Nachteile liegen in den höheren Personal- und Raumkosten sowie in dem hohen Bestell- und Verwaltungsaufwand.

4.3 Fertigung

160 Unterscheiden Sie Produktion und Fertigung!

Unter **Produktion** versteht man üblicherweise die betriebliche Leistungserstellung, d. h. die Hervorbringung von Leistungen durch den Betrieb. Die Produktion umfaßt die gesamte Tätigkeit eines Betriebs.

Der Begriff **Fertigung** bezeichnet den eigentlichen Herstellungsprozeß, d. h. die Be- und Verarbeitung von Werkstoffen zu Erzeugnissen.

Fertigungsvorbereitung und Rationalisierung

161 Was ist Fertigungsplanung?

Die **Fertigungsplanung** umfaßt die Bereiche

- Programmplanung (Aufstellung des Fertigungsprogramms), d. h., es wird festgelegt, welche Produkte in welchem Umfang mit welchen Produktionsmitteln hergestellt werden;

- Ablaufplanung, d. h., es wird festgelegt, wie die betrieblichen Produktionsfaktoren zweckmäßig eingesetzt werden;
- Kostenplanung, d. h., die Höhe der zu erwartenden Kosten wird berechnet.

162 Welche Aufgaben hat die Fertigungsvorbereitung?

Die **Fertigungsvorbereitung** umfaßt die Aufstellung der Arbeits- und Montagepläne sowie die Auswahl der Maschinen und Werkzeuge. Sie basiert auf Konstruktionsplänen und Stücklisten.

163 Was ist eine Laufkarte?

Wesentlicher Bestandteil der Fertigungsvorbereitung und Fertigungsplanung ist die **Laufkarte**. Sie begleitet das Erzeugnis von Arbeitsplatz zu Arbeitsplatz und enthält alle auszuführenden Arbeitsverrichtungen in zeitlicher Reihenfolge.

164 Welche Maßnahmen dienen zur Rationalisierung der Fertigung?

Der Rationalisierung des Fertigungsprozesses dienen
- Normung,
- Typung,
- Spezialisierung,
- Arbeitsteilung.

165 Was ist Normung?
*

Im Interesse einer Vereinheitlichung oft benutzter Einzelteile von Produkten werden Vorschriften über Abmessungen, Formen, Güte und Herstellungsverfahren festgelegt (z. B. DIN = Deutsche-Industrie-Norm). Die **Normung** erleichtert insbesondere Reparaturen und Ersatzteillieferungen.

166 Was ist Typung?
*

Die **Typung** bzw. **Typisierung** bezieht sich im Gegensatz zur Normung auf die Vereinheitlichung von zusammengesetzten Endprodukten, die über längere Zeit hinweg in wenigen „Typen" hergestellt werden (z. B. Automarken einer Firma). Die Typung dient vorwiegend der innerbetrieblichen Rationalisierung.

167 Was ist Spezialisierung?
*

Wenn ein Unternehmen das Fertigungsprogramm auf ein Erzeugnis oder wenige Erzeugnisse begrenzt, spricht man von **Spezialisierung.** Der Vorteil liegt in einer möglichen hohen Auflage und der dadurch bedingten Fixkostendegression (s. Frage 193). Das Unternehmen wird allerdings krisenanfälliger, da eine Anpassung an Marktveränderungen nur mit Schwierigkeiten durchgeführt werden kann.

168 Was ist Arbeitsteilung?

Das Prinzip der **Arbeitsteilung** besagt, daß jeder die Arbeiten durchführt, für die er am besten geeignet ist. In dem Bereich der Fertigung verwendet man den Begriff Arbeitsteilung für die Zerlegung eines Arbeitsprozesses in viele kleine Schritte, wobei der einzelne Arbeitnehmer letztlich nur noch genau vorgegebene und festgelegte Handgriffe vornehmen muß. Die perfekteste Form der Arbeitsteilung ist bei der Fließfertigung zu finden.

Fertigungsarten

	Frage	Antwort
169	Welche Arten der Fertigung unterscheidet man (Überblick)?	Man unterscheidet folgende **Arten der Fertigung:** 1. entsprechend dem Einsatz an körperlicher Arbeit: ● manuelle Fertigung, ● mechanisierte Fertigung, ● automatisierte Fertigung; 2. entsprechend der räumlich-organisatorischen Anordnung der Produktionsmittel: ● Werkstattfertigung, ● Gruppenfertigung, ● Reihenfertigung (Straßenfertigung), ● Fließfertigung (Fließband); 3. entsprechend der Menge der hergestellten Erzeugnisse: ● Einzelfertigung, ● Sortenfertigung, ● Serienfertigung, ● Massenfertigung.
170	Unterscheiden Sie manuelle, mechanisierte und automatisierte Fertigung! *	Bei der **manuellen Fertigung** wird die auszuführende Arbeit vorwiegend von Hand erledigt. Bei der **mechanisierten Fertigung** wird die menschliche Arbeit teilweise durch Maschinen und maschinelle Einrichtungen ersetzt. Bei der **automatisierten Fertigung (Automation)** erfolgt die Fertigung durch mehrere hintereinander geschaltete, selbständig arbeitende Maschinen. Die Lenkung, Steuerung und Kontrolle der Maschinen erfolgt ebenfalls selbständig durch den Einsatz der elektronischen Datenverarbeitung. Der Mensch übt lediglich überwachende Funktionen aus.
171	Was ist Werstattfertigung? *	Bei der **Werkstattfertigung** erfolgt die Herstellung in einer Werkstatt (z. B. Handwerksbetrieb).
172	Was ist Gruppenfertigung?	Von der **Gruppenfertigung** spricht man, wenn verschiedenartige, zur Herstellung eines Teilerzeugnisses notwendige Maschinen im gleichen Raum zusammengefaßt werden, so daß der Transport des Erzeugnisses von einer Werkstatt zur anderen entfällt.
173	Was ist Reihenfertigung? *	Bei der **Reihenfertigung** werden die Maschinen in der Reihenfolge der Arbeitsverrichtungen hintereinander angeordnet. Es entstehen die Fertigungsstraßen, wie sie beim Maschinenbau häufig anzutreffen sind. Die Arbeitsvorgänge sind zeitlich nur begrenzt aufeinander abgestimmt; der Arbeitnehmer kann in gewissen Grenzen das Arbeitstempo selbst bestimmen. Die Vorteile liegen in den kurzen Transportwegen und den geringen Verlustzeiten im Arbeitsablauf.

174 Was ist Fließfertigung?
*

Die **Fließfertigung** stellt eine Verfeinerung der Reihenfertigung dar, indem die Anordnung der Betriebsmittel und der Arbeitsplätze auch in zeitlicher Hinsicht aufeinander abgestimmt wird. Die zu bearbeitenden Stücke werden pausenlos und ohne zeitliche Unterbrechung durch ein Fließband von einem Arbeitsplatz zum anderen transportiert. Der Arbeiter hat keinen Einfluß auf Geschwindigkeit und Rhythmus des Arbeitsablaufs. Im Gegensatz zur Werkstattfertigung übt der (oft nur angelernte) Arbeiter nur sich ständig wiederholende Handgriffe aus.

Wenn der Arbeitsprozeß ohne menschliche Eingriffe erfolgt, spricht man von **Automation.**

Die Fließfertigung findet bei Großserien- und bei der Massenfertigung Anwendung.

175 Welche Vor- und Nachteile hat die Fließfertigung?
*

Vorteile der **Fließfertigung** sind:

- rationelle und zeitsparende Produktion aufgrund der enormen Arbeitsteilung,
- teuere Facharbeiter können durch ungelernte Hilfskräfte ersetzt werden,
- vereinfachte Planung und Kostenberechnung,
- Produktivitätssteigerungen, die sich vor allem in einer großen Ausbringungsmenge niederschlagen.

Nachteile der Fließfertigung sind

1. für den Arbeitnehmer:
   - Entmenschlichung der Arbeit durch monotone, sich stets wiederholende Handgriffe,
   - Gesundheitsschädigung und geistige Verarmung am Arbeitsplatz,
   - Bedürfnis des Menschen nach selbständiger Arbeit verkümmert,
   - Kreativität und Erfolgserlebnisse werden systematisch abgebaut;
2. für den Betrieb:
   - hohe Anlageinvestitionen,
   - geringe Anpassungsmöglichkeiten an Marktveränderungen.

176 Was ist Einzelfertigung?
*

Bei der **Einzelfertigung** stellt der Betrieb Erzeugnisse her, die sich jeweils voneinander unterscheiden (z. B. Schiffbau). Hierbei handelt es sich fast ausschließlich um **Auftragsfertigungen.**

177 Was ist Sortenfertigung?

Wenn aus dem gleichen Grundstoff (z. B. Ton) verschiedene Ausprägungen (Sorten) des gleichen Produktes (z. B. Gartenzwerge) hergestellt werden, spricht man von **Sortenfertigung.**

178 Was ist Serienfertigung?
*

Serienfertigung liegt vor, wenn mehrere Produktarten, deren Fertigung ähnlich verläuft, in begrenzter Auflage hergestellt werden (z. B. bei der Autoproduktion).

179 Was ist Massenfertigung?
*

Wird stets das gleiche Produkt in sehr großen Mengen über längere Zeit hinweg produziert, liegt **Massenfertigung** vor (z. B. Herstellung von Zündhölzern). Die Vorteile der Massenfertigung entsprechen denen der Fließfertigung und liegen aufgrund der hohen Produktionszahlen vor allem in der Fixkostendegression.

Bei der Serien- und Massenfertigung liegt meistens **Vorratsfertigung** vor.

180 Was sind arbeits-, material- und anlageintensive Fertigungsbetriebe?

Von **arbeits- bzw. lohnintensiven** Fertigungsbetrieben spricht man, wenn der Anteil der Löhne und Gehälter an den Gesamtkosten sehr hoch ist. Dies ist insbesondere bei der manuellen Fertigung der Fall.

Bei **materialintensiven** Fertigungsbetrieben stellen die Materialkosten den Hauptteil der Kosten dar. Beispiele sind die rohstoffverarbeitenden und weiterverarbeitenden Betriebe.

Anlage- bzw. kapitalintensive Betriebe liegen dann vor, wenn die Fertigung sehr stark mechanisiert ist. Beispiele sind Betriebe mit Fließfertigung.

4.4 Kosten und Kostenfunktionen

Arten der Kosten

181 Was sind Kosten?
*

Kosten sind die Werte der Güter und Dienstleistungen, die bei der Erstellung der betrieblichen Leistungen verbraucht werden.

Der Kostenbegriff umfaßt:

- Verbrauch von Gütern,
- Bewertung dieses Verbrauchs in Geld,
- Leistungsbezogenheit.

182 Was ist Aufwand?
*

Unter **Aufwand** versteht man den bewerteten Verbrauch aller Güter und Dienstleistungen in einer bestimmten Periode. Es fehlt in der Definition die Leistungsbezogenheit.

183 Unterscheiden Sie Kosten und Aufwand!

Kosten ist ein Begriff der Kalkulation, Aufwand ein Begriff der betrieblichen Ergebnisrechnung.

Der Zusammenhang zwischen Aufwand und Kosten kann in einem Schema dargestellt werden.

neutraler Aufwand	Zweckaufwand	
	Grundkosten	Zusatzkosten

184 Was ist neutraler Aufwand?

Der **neutrale Aufwand,** dem keine Kosten entsprechen, kann sein

- **betriebsfremder** Aufwand, d. h., er hat mit der betrieblichen Leistungserstellung nichts zu tun (z. B. Spenden);

- **betrieblicher außerordentlicher** Aufwand, d.h., er entsteht zwar durch die betriebliche Tätigkeit, tritt jedoch so unregelmäßig auf, daß er nicht zu den gewöhnlich anfallenden Aufwendungen gezählt werden darf (z.B. Brandschäden).

185 Was sind Grundkosten?

Grundkosten (aufwandsgleiche Kosten) sind die Kosten, die zugleich Aufwand **(Zweckaufwand,** kostengleicher Aufwand) darstellen (z. B. Stoffkosten, Personalkosten).

186 Was sind Zusatzkosten?

Zusatzkosten sind Kosten, denen kein Aufwand entspricht (aufwandsverschiedene bzw. erfolgsunwirksame Kosten). Diese Kosten müssen in der Kalkulation berücksichtigt werden (z.B. kalkulatorischer Unternehmerlohn, kalkulatorische Zinsen).

187 Was sind Ausgaben?

Ausgaben sind alle Geldausgänge im Betrieb. Es handelt sich um einen Begriff des Zahlungsverkehrs. Die Ausgaben werden normalerweise entweder im Zeitpunkt ihrer Entstehung oder zu einem späteren Zeitpunkt zu Aufwendungen und Kosten.

188 Was sind Gesamtkosten?

Unter **Gesamtkosten** versteht man die Summe der in einem bestimmten Zeitraum in einem Unternehmen angefallenen Kosten.

189 Was sind Durchschnittskosten?

Durchschnittskosten (Stückkosten) sind die auf eine Leistungseinheit entfallenden Kosten. In Einproduktbetrieben sind die Stückkosten eindeutig zu bestimmen, indem man die Gesamtkosten einer bestimmten Periode durch die in der gleichen Zeit hergestellten Erzeugnisse dividiert. Betriebe, die verschiedenartige Erzeugnisse herstellen, ermitteln die Kosten je Einheit mit Hilfe anderer Kalkulationsverfahren (s. Frage 215 ff.).

190 Was sind Grenzkosten?

Grenzkosten sind Mehrkosten, die bei der Vergrößerung der Produktionsmenge durch die jeweils letzte Produktionseinheit verursacht werden.

191 Was sind fixe Kosten?
*

Fixe (feste, konstante) **Kosten** sind vom Beschäftigungsgrad unabhängig, d.h., sie bleiben bei Beschäftigungsänderungen über längere Zeit hinweg konstant (z.B. vertraglich festgelegte Mieten und Gehälter, Abschreibungen).

192 Was sind variable Kosten?
*

Variable (veränderliche) **Kosten** sind abhängig vom Beschäftigungsgrad, sie sinken oder steigen mit ab- bzw. zunehmender Beschäftigung. Man unterscheidet:

- **proportionale Kosten:** Sie ändern sich im gleichen Verhältnis wie der Beschäftigungsgrad (z.B. Einzelstoffkosten);
- **progressive (überproportionale) Kosten:** Die relative Kostensteigerung ist höher als die relative Beschäftigungszunahme (z.B. Überstundenlöhne);

- **degressive (unterproportionale) Kosten:** Die relative Kostensteigerung ist geringer als die relative Beschäftigungszunahme (z. B. Frachtkosten beim Bezug größerer Mengen).

193 Was ist Fixkostendegression? *

Fixkostendegression bedeutet, daß die fixen Kosten auf das Stück bezogen mit steigender Ausbringung fallen (degressiver Kurvenverlauf). Die fixen Gesamtkosten verteilen sich auf eine immer größer werdende Produktionsmenge.

194 Was sind soziale Kosten?

Soziale Kosten (volkswirtschaftiche Kosten) gehen nicht in die Kalkulation der Unternehmen ein. Sie werden auf Dritte oder auf die ganze Gesellschaft verteilt (z. B. Kosten für den Umweltschutz).

Bestimmungsfaktoren der Kosten

195 Welche Faktoren bestimmen die Höhe der Kosten?

Das Kostenniveau eines Betriebes wird beeinflußt durch die Veränderung folgender Faktoren **(Kostenbestimmungsfaktoren):**

- Faktorpreise (Preise der Produktionsfaktoren),
- Beschäftigungsgrad,
- Produktionsbedingungen (z. B. neue Produktionsverfahren),
- Produktionsprogramm,
- Betriebsgröße.

196 Was ist die Betriebskapazität?

Unter der **Kapazität** eines Betriebes versteht man dessen Leistungsvermögen in einem bestimmten Zeitabschnitt, gemessen in betrieblichen Leistungen.

Man unterscheidet:
- Maximalkapazität (nur kurzfristig realisierbar),
- wirtschaftliche Kapazität (die Ausbringungsmenge, die vom wirtschaftlichen Standpunkt optimal ist),
- Minimalkapazität (die Ausbringungsmenge, die aus wirtschaftlichen Gründen nicht unterschritten werden darf).

197 Was ist Beschäftigungsgrad?

Die Beschäftigung verkörpert die Inanspruchnahme der Betriebskapazität.

Der **Beschäftigungsgrad** (Kapazitätsausnutzungsgrad) stellt das Verhältnis zwischen Beschäftigung und Kapazität dar, d. h., der Beschäftigungsgrad ist das Verhältnis der tatsächlichen Erzeugung zur möglichen Erzeugung.

$$\text{Beschäftigungsgrad} = \frac{\text{Beschäftigung}}{\text{Kapazität}} \cdot 100$$

Beispiel:

mögliche Erzeugung (Kapazität): 150 000 Leistungseinheiten

tatsächliche Erzeugung (Beschäftigung): 75 000 Leistungseinheiten

$$\text{Beschäftigungsgrad} = \frac{75\,000}{150\,000} \cdot 100 = 50\,\%$$

198 | Was ist der Reagibilitätsgrad der Kosten?

Der **Reagibilitätsgrad** drückt das Verhältnis aus zwischen prozentualer Kostenänderung und prozentualer Beschäftigungsgradänderung.

Ändern sich bestimmte Kosten bei zu- oder abnehmendem Beschäftigungsgrad nicht, so ist der Reagibilitätsgrad gleich 0. Es handelt sich um fixe Kosten. Bei variablen Kosten kann der Reagibilitätsgrad gleich 1 (proportionale Kosten), kleiner als 1 (degressive Kosten) oder größer als 1 (progressive Kosten) sein.

Die lineare Kostenfunktion

199 | Welche Bedeutung haben Kostenfunktionen?

Kostenfunktionen und deren graphische Darstellung (Kostenverläufe, Kostenkurven) zeigen die Abhängigkeit zwischen Kostenentwicklung und mengenmäßiger Ausbringung. Die Darstellung von Kostenfunktionen hat vor allem wirtschaftstheoretische Bedeutung, da bestimmte Kostenverläufe, wie der gekrümmte oder der lineare Kostenverlauf, in der Praxis nicht zu bestätigen sind.

200 | Was sind lineare Gesamtkosten?
*

Beim linearen Gesamtkostenverkauf (K) unterstellt man fixe Gesamtkosten (K_f) und proportionale variable Kosten (K_v).

Beispiel:

Menge	K_f	K_v	K
100	1000,—	500,—	1500,—
200	1000,—	1000,—	2000,—
300	1000,—	1500,—	2500,—
400	1000,—	2000,—	3000,—
500	1000,—	2500,—	3500,—
600	1000,—	3000,—	4000,—

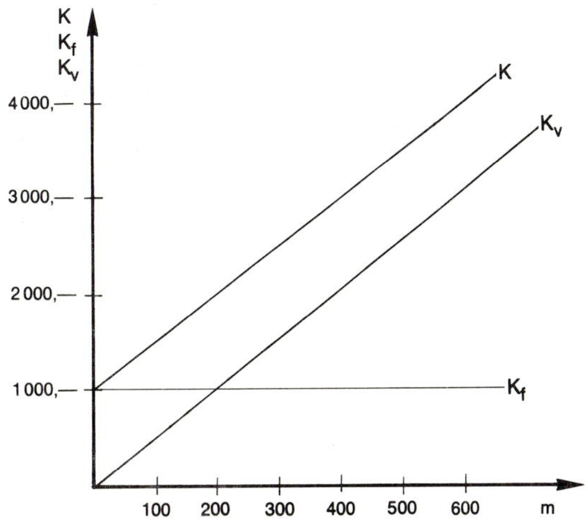

201 Ermitteln Sie die fixen, variablen und gesamten Durchschnittskosten!

Die **fixen Durchschnittskosten** (k_f) fallen, da die fixen Gesamtkosten (K_f) sich mit steigender Ausbringung (m) günstiger auf das einzelne Erzeugnis verteilen:

($k_f = \frac{K_f}{m}$).

Die **variablen Durchschnittskosten** (K_v) sind konstant, da für jedes zusätzlich produzierte Stück die gleichen variablen Kosten anfallen:

($k_v = \frac{K_v}{m}$).

Die **gesamten Durchschnittskosten** (k) fallen mit zunehmender Ausbringung ($k = \frac{K}{m}$); ein optimaler Kostenpunkt existiert bei linearem Gesamtkostenverlauf nicht.

Beispiel:

Menge	K_f	K_v	K	k_f	k_v	k
100	1000,—	500,—	1500,—	10,—	5,—	15,—
200	1000,—	1000,—	2000,—	5,—	5,—	10,—
300	1000,—	1500,—	2500,—	3,33	5,—	8,33
400	1000,—	2000,—	3000,—	2,50	5,—	7,50
500	1000,—	2500,—	3500,—	2,—	5,—	7,—
600	1000,—	3000,—	4000,—	1,67	5,—	6,67

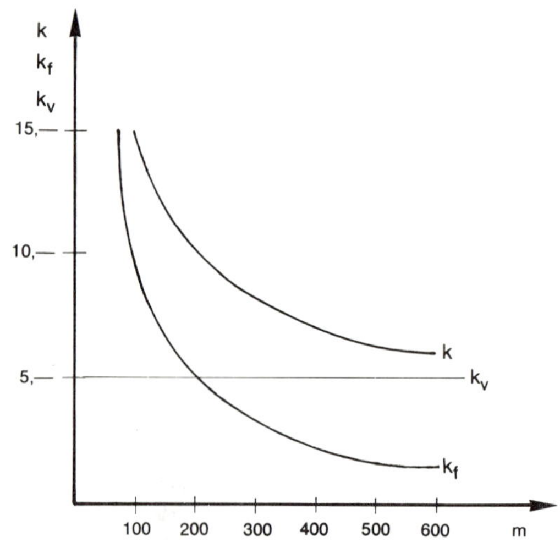

202 Ermitteln Sie die Grenzkosten!

Die **Grenzkosten** (K') beim linearen Gesamtkostenverlauf sind konstant, da für jedes zusätzlich produzierte Produkt die gleichen Kosten anfallen. Die Grenzkosten decken sich also mit den variablen Durchschnittskosten.

Beispiel:

Menge	K_f	K_v	K	$K' = k_v$
100	1 000,—	500,—	1 500,—	
101	1 000,—	505,—	1 505,—	5,—
102	1 000,—	510,—	1 510,—	5,—
103	1 000,—	515,—	1 515,—	5,—
104	1 000,—	520,—	1 520,—	5,—
105	1 000,—	525,—	1 525,—	5,—

203 Erläutern Sie Nutzkosten und Leerkosten!

Nutzkosten (K_N) sind der Teil der fixen Kosten, der auf die genutzte Kapazität entfällt. Sie steigen von ihrem niedrigsten Wert 0 bei einer Ausbringungsmenge von 0 bis zum Wert der gesamten fixen Kosten bei einer Ausbringungsmenge, die der Kapazität (m_K) entspricht.

Leerkosten (K_L) sind der Teil der fixen Kosten, der auf die nicht genutzte Kapazität entfällt. Sie fallen von ihrem höchsten Wert in Höhe der gesamten fixen Kosten bei einer Ausbringung von 0 bis zum Wert 0 bei der möglichen Erzeugungsmenge (m_K).

Beispiel:

Die fixen Kosten einer Maschine in einer bestimmten Periode belaufen sich auf 2 000,— DM. Die mögliche Herstellungsmenge (m_K) in der gleichen Zeit beträgt 500 Produkte, die Isterzeugung (m) 300 Produkte.

Die Nutzkostenfunktion lautet:

$$K_N = \frac{K_f}{m_K} \cdot m$$

$$K_N = \frac{2\,000}{500} \cdot 300 = 1\,200,\text{— DM}$$

Die Leerkostenfunktion lautet:

$$K_L = \frac{K_f}{m_K} \cdot (m_K - m)$$

$$K_L = \frac{2\,000}{500} \cdot 200 = 800,\text{— DM}$$

4 Groh/Schröer ISBN 3-8120-0266-6

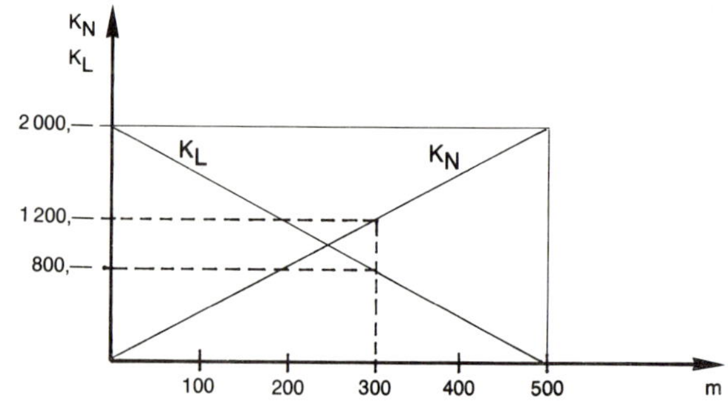

204 Was sind sprungfixe Kosten?

Sprungfixe Kosten (Sprungkosten, intervallfixe Kosten) sind die bei quantitativer Anpassung an eine Beschäftigungsänderung zunächst sprunghaft ansteigenden Kosten.

Unter **quantitativer Anpassung** versteht man die Variation der Anzahl der in einem Betrieb eingesetzten Produktionsfaktoren (z. B. Kauf neuer Maschinen, Einstellung von Arbeitskräften).

Beispiel:

Bei einer Ausbringung von 100 Einheiten wird eine neue Maschine angeschafft. Die fixen Gesamtkosten (Sprungkosten) steigen auf 2 000,— DM an; bei einer Beschäftigung von 200 wird wiederum eine neue Maschine eingesetzt, die Kosten (K) steigen sprunghaft auf 3 000,— DM an, usw. Es entsteht ein treppenförmiger Gesamtkostenverlauf. Die intervallfixen Durchschnittskosten (k) fallen sägeförmig degressiv.

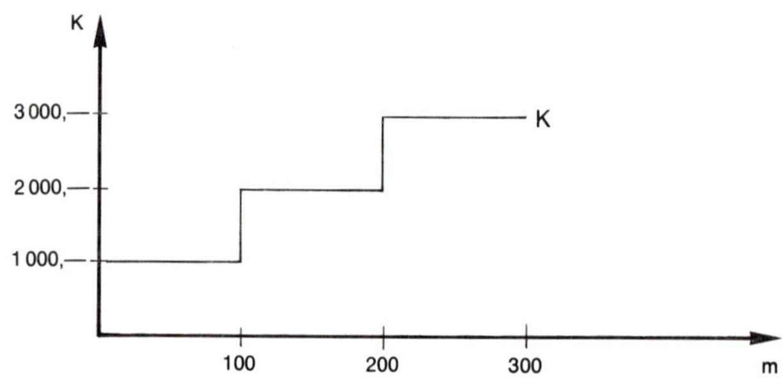

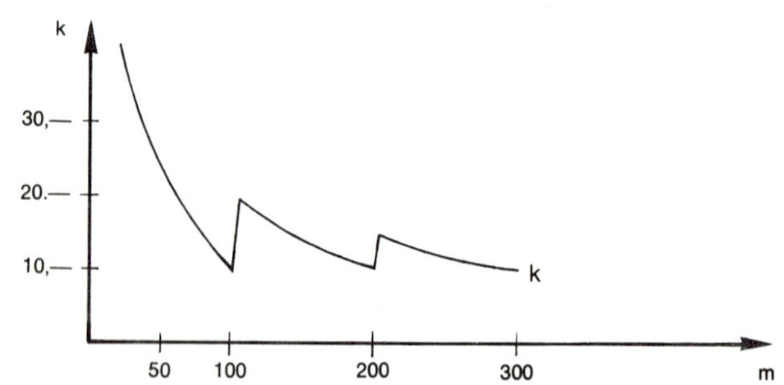

205 Wie ermittelt man das Gewinnmaximum bei vollkommener Konkurrenz?

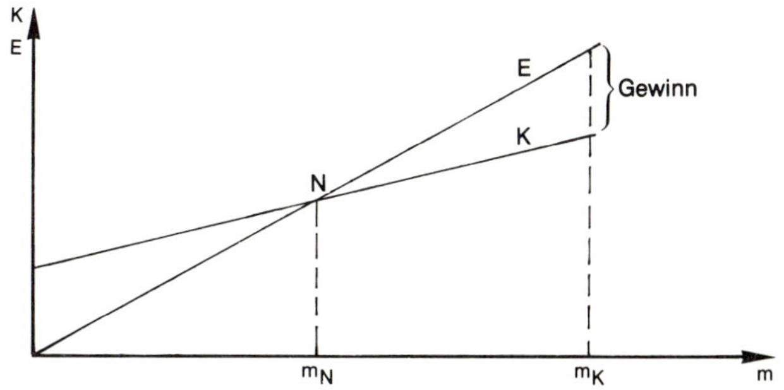

Die lineare Erlöskurve (Erlös = Menge · Preis, E = m · p) schneidet die lineare Gesamtkostenkurve im Punkt N, der **Nutzen- oder Gewinnschwelle**. Dem Punkt N entspricht die Menge m_N, bei welcher der Umsatz einer Periode sämtliche fixen Kosten und die angefallenen proportionalen Kosten deckt. Erst bei Überschreiten der Nutzenschwelle entsteht ein Gewinn.

Das Gewinnmaximum ist bei linearem Gesamtkostenverlauf und gegebener Kapazität an der Kapazitätsgrenze, die der Ausbringung m_K entspricht, erreicht.

Progressive und degressive Kostenfunktionen

206 Was sind progressive Kosten?
*

Bei den **progressiven Kosten** ist die relative Kostensteigerung größer als die relative Beschäftigungszunahme.

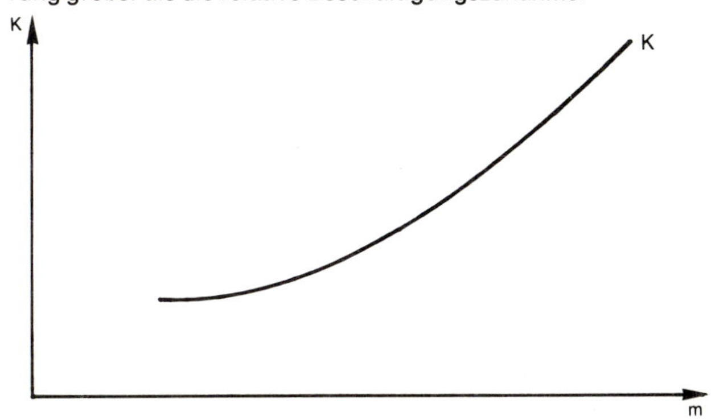

207 Welche Kostenverläufe ergeben sich aus der progressiven Gesamtkostenkurve?

Die Gesamtkosten (K), die durch die Addition der fixen und variablen Gesamtkosten (K_f, K_v) entstehen, steigen mit zunehmender Erzeugung absolut und auch relativ; die Steigung der Kurve nimmt zu. Aus diesem Grunde steigt die Grenzkostenkurve (K') ebenfalls mit zunehmender Steigung.

Die Durchschnittskostenkurve (k) fällt zunächst infolge der günstigeren Verteilung der fixen Kosten auf die einzelne Leistungseinheit bis zu einem Minimum. Wird der Vorteil der Fixkostendegression durch die Progression der variablen Kosten übertroffen, steigt die Stückkostenkurve wieder an.

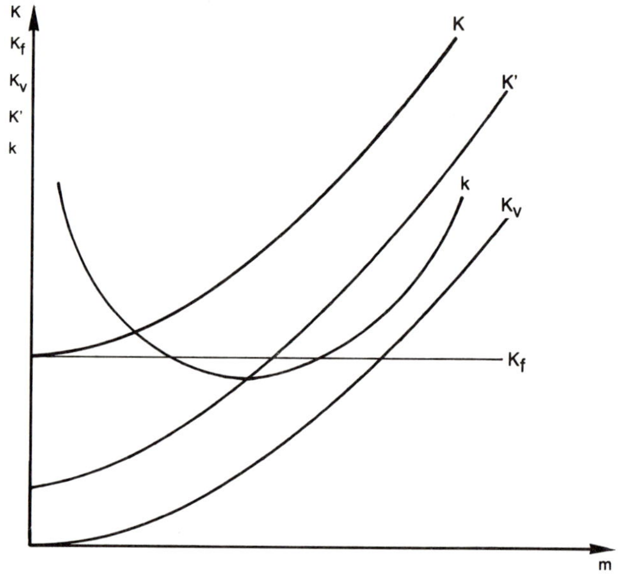

208 Was sind degressive Kosten?
*

Bei den **degressiven Kosten** ist die relative Kostensteigerung geringer als die Zunahme des Beschäftigungsgrades.

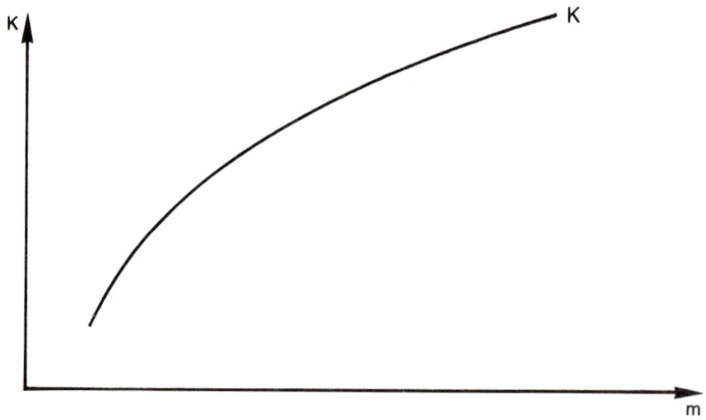

209 Welche Kostenverläufe ergeben sich aus der degressiven Gesamtkostenkurve?

Die Gesamtkosten (K) steigen mit zunehmender Ausbringung bei abnehmender Steigung.

Die Grenzkosten (K') fallen mit abnehmendem Steigungsmaß.

Die Stückkosten fallen ebenfalls mit ständig abnehmender Steigung, da sich sowohl fixe Kosten als auch variable Kosten pro Stück degressiv verhalten.

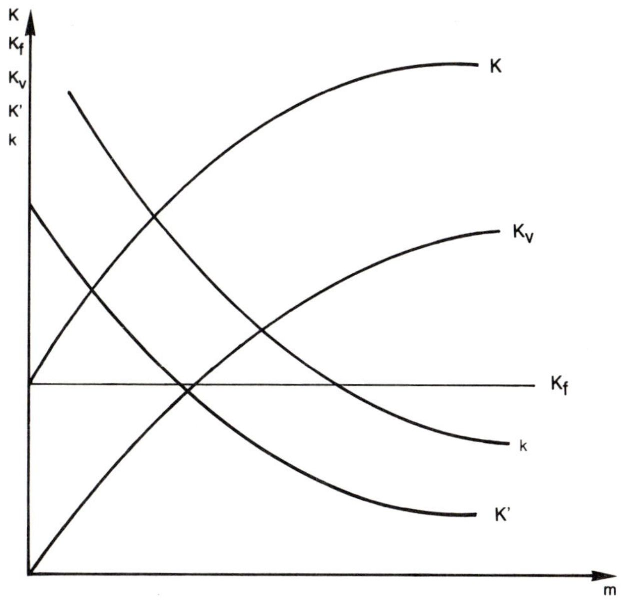

4.5 Kostenrechnung

210 Was ist Kostenrechnung?
*

Die **Kostenrechnung** ist wie die Finanzbuchhaltung (mit Bilanz, Gewinn- und Verlustrechnung sowie Rechenschaftsbericht), die Statistik und die Planungsrechnung Bestandteil des Rechnungswesens.

Die Kostenrechnung (auch Kosten- und Leistungsrechnung genannt) erfaßt und verrechnet alle in einem Produktionszeitraum anfallenden Kosten und Leistungen. Die Kostenrechnung liefert die Hauptdaten für die betrieblichen Entscheidungen.

Eingeteilt wird die Kostenrechnung in:

- Kostenartenrechnung,
- Kostenstellenrechnung,
- Kostenträgerrechnung.

211 Was ist Kostenartenrechnung?
*

Die Aufgabe der **Kostenartenrechnung** liegt in der vollständigen Erfassung sämtlicher Kosten, die in einem Betrieb während einer Abrechnungsperiode anfallen. Die Kostenartenrechnung beantwortet die Frage „Welche Kosten sind angefallen?“

Die Kostenartenrechnung erfaßt folgende Kosten: Fertigungslöhne, Fertigungsmaterial, Gehälter, soziale Leistungen, Abschreibungen, Miete, Energiekosten, kalkulatorische Kosten, Werbekosten u. a.

Die erforderlichen Daten stammen aus der Geschäftsbuchführung.

212 Unterscheiden Sie Einzel- und Gemeinkosten!
*

Eine wichtige Unterscheidung der Kostenarten ist die in Einzel- und Gemeinkosten.

Die **Einzelkosten** lassen sich schon bei der Erfassung unmittelbar einem bestimmten Produkt (Kostenträger) zuordnen, z.B. Fertigungsmaterial, Fertigungslöhne, ebenso Sondereinzelkosten der Fertigung und Sondereinzelkosten des Vertriebs.

Die **Gemeinkosten** können nicht unmittelbar einem Kostenträger zugerechnet werden, da sie für mehrere oder alle Produkte entstanden sind, wie z.B. allgemeine Verwaltungskosten, Abschreibungen, Mieten, Versicherungen, Energiekosten. Die Verteilung der Gemeinkosten erfolgt in der Kostenstellen- und der Kostenträgerrechnung.

213 Was ist Kostenstellenrechnung?
*

Die **Kostenstellenrechnung** baut auf der Kostenartenrechnung auf. Sie beantwortet die Frage „Wo sind die Kosten angefallen?" und verteilt die verschiedenen Kostenarten auf den jeweiligen Ort der Kostenverursachung. Aus diesem Grunde wird der Betrieb in einzelne Kostenstellen, wie z.B. Fertigungs-, Material-, Verwaltungs- und Vertriebsstellen eingeteilt. (Diese Grobeinteilung wird evtl. bis zum einzelnen Arbeitsplatz hinunter weiter differenziert.)

214 Welche Aufgaben hat die Kostenstellenrechnung?

Hauptaufgaben der Kostenstellenrechnung, die in Form des **Betriebsabrechnungsbogens** (BAB) durchgeführt wird, sind:

- Verteilung der Gemeinkostenarten direkt aufgrund von Belegen (z.B. Gehaltslisten) oder mit Hilfe von Schlüsseln (z.B. berechnet nach der Raumfläche) auf die einzelnen Kostenstellen;
- Ermittlung der für die Kalkulation erforderlichen Zuschlagssätze für Material-, Fertigungs-, Verwaltungs- und Vertriebsgemeinkosten;
- Überwachung und Wirtschaftlichkeitskontrolle der einzelnen Kostenbereiche.

Die Verteilung der Kostenarten auf die Kostenstellen erfolgt nach dem **Verursachungsprinzip,** d.h., Gemeinkosten werden nur auf solche Kostenstellen verteilt, die tatsächlich betroffen sind.

215 Was ist Kostenträgerrechnung?
*

Die **Kostenträgerrechnung** (Selbstkostenrechnung) beantwortet die Frage „Wofür sind Kosten entstanden?"

Die Aufgaben sind im einzelnen:

- Ermittlung der Kosten (Selbstkosten) eines bestimmten Produktes,
- Preiskalkulation,
- Ermittlung der Preisuntergrenzen.

Die Kostenträgerrechnung kann durchgeführt werden als

- Divisionskalkulation,
- Zuschlagskalkulation.

216 Was ist Divisionskalkulation?	Die **Divisionskalkulation** kann durchgeführt werden als • **einfache Divisionskalkulation:** Sie verteilt die Herstellkosten eines Zeitraumes gleichmäßig auf alle Erzeugungseinheiten des gleichen Zeitraumes (nur bei Einproduktunternehmen möglich); • **Äquivalenzziffernkalkulation:** Sie wird angewendet, wenn die Fertigungskosten für wenige Produkte in einem bestimmten Kostenverhältnis zueinander stehen und mit Hilfe von Äquivalenzziffern verteilt werden können (z.B. Produktion von Bausteinen unterschiedlicher Größe).
217 Was ist Zuschlagskalkulation?	Bei der **Zuschlagskalkulation** wird wegen der Vielfalt der hergestellten Erzeugnisse jedes Stück einzeln kalkuliert. Hauptgrundlage der Kalkulation ist der Betriebsabrechnungsbogen, der die Zuschlagssätze für die Verteilung der Gemeinkosten auf die einzelnen Kostenträger liefert.

5 Der Absatz

218 Was ist Marketing?	Der Begriff **Absatz**, der vom Umsatz eines Betriebes über den Umsatzprozeß bis zum Verkauf und Vertrieb der Waren reicht, wird heute vielfach durch den Begriff Marketing verdrängt. **Marketing** ist marktorientierte Unternehmensführung, wobei ein breites Instrumentarium (Marketing-Instrumente) zur Beeinflussung des Marktes eingesetzt werden kann.
219 Nennen Sie die absatzpolitischen Instrumente! *	Zur Beeinflussung und Gestaltung des Marktes stehen den Unternehmen folgende **absatzpolitischen Instrumente** (Marketing-Instrumente) zur Verfügung: • Marktforschung, • Werbung, • Absatzwege, • Preisgestaltung, • Konditionen und Kundendienst, • Produktgestaltung, • Sortimentsgestaltung.
220 Welche Aufgaben hat die Absatzplanung?	Die **Absatzplanung** gewinnt im Rahmen der gesamten unternehmerischen Planung immer mehr an Bedeutung, da die Absatzmöglichkeiten für die hergestellten Güter letztlich die anderen Teilpläne, wie Beschaffungs-, Produktions- und Finanzpläne beeinflussen. Der **Absatzplan** legt vor allem Ausmaß und Zusammensetzung des zukünftigen Absatzes fest und gibt an, wie durch den Einsatz der absatzpolitischen Instrumente die angestrebten Ziele erreicht werden können (z.B. Erhöhung des Marktanteils durch Preissenkungen).

5.1 Marktforschung

221 Welche Aufgaben hat die Marktforschung?
*

Die **Marktforschung** beschafft die für die Einschätzung und und Beeinflussung des künftigen Absatzes notwendigen Informationen.

Dazu zählen insbesondere Erforschung von:

- Käufergewohnheiten und deren Veränderungen,
- Kaufmotiven und Käufereinstellungen,
- Aufnahmefähigkeit des Marktes (Sättigungsgrad),
- Konkurrenz und deren Verhalten,
- Kaufkraft und Kaufkraftveränderungen.

222 Unterscheiden Sie Marktanalyse und Marktbeobachtung!
*

Marktanalyse ist die (meist einmalige) Erforschung eines räumlich abgegrenzten Teilmarktes, z.B. im Hinblick auf Anzahl, Kaufkraft und Struktur der potentiellen Kunden (statische Marktforschung).

Marktbeobachtung ist die über längere Zeit hinweg andauernde Erforschung des Marktes, wobei insbesondere die Veränderungen des Marktgeschehens erfaßt werden sollen, wie z.B. Mode- und Geschmackswandel (dynamische Marktforschung).

223 Unterscheiden Sie Primär- und Sekundärforschung!

Die Marktforschung wird eingeteilt in

- Primärforschung (Feldforschung),
- Sekundärforschung (Schreibtischforschung).

Bei der **Primärforschung** beschafft sich das Unternehmen die notwendigen Informationen durch eigens durchgeführte Befragungen bzw. Interviews (die z.T. sehr kostenintensiv sind). Diese Aufgabe wird oft an Marktforschungsinstitute vergeben.

Bei der **Sekundärforschung** greift man auf bereits vorhandenes Datenmaterial aus der Buchhaltung, Kostenrechnung und Verkaufsstatistik zurück. Neben diesen internen Quellen gibt es die externen Quellen, wie Veröffentlichungen der Statistischen Ämter, von Verbänden und Wirtschaftsinstituten. Zeitschriften, Bücher und Nachschlagewerke können ebenfalls als Informationsquellen benutzt werden.

5.2 Werbung

224 Unterscheiden Sie Werbung von Propaganda!

Unter **Werbung** versteht man die absichtliche und gesteuerte Form der Beeinflussung von Menschen, die sich im Sinne der Absatzziele des werbenden Unternehmens verhalten sollen (z.B. Kauf einer bestimmten Marke).

Unter **Propaganda** versteht man die Werbung für politische Ideen und Ideologien (z.B. Kommunismus).

225 Welche Aufgaben hat die Werbung?
*

Die Aufgaben der Werbung lassen sich an folgenden Arten der Werbung ablesen:

1. **Einführungswerbung,** d.h., die Werbung soll die Voraussetzungen dafür schaffen, daß ein neues Produkt vom Markt aufgenommen wird;
2. **Expansionswerbung,** d.h., der Umsatz für die angebotenen Güter soll erhöht werden; das kann geschehen durch
   - Gewinnung neuer Kunden,
   - Mehrkäufe alter Kunden;
3. **Erhaltungswerbung,** d.h., die Werbung soll den Umsatz auf dem erreichten Niveau halten und vor allem verhindern, daß Kunden zur Konkurrenz abwandern.

226 Welche Arten der Werbung gibt es (Überblick)?

Die **Werbung** (Absatzwerbung) unterscheidet man nach:

1. Ziele der Werbung,
   - Einführungswerbung,
   - Expansionswerbung,
   - Erhaltungswerbung;
2. Zahl der Umworbenen,
   - Einzelumwerbung,
   - Massenumwerbung;
3. Zahl der Werbenden,
   - Einzelwerbung,
   - Kollektivwerbung;
4. Inhalt der Werbung,
   - informative Werbung,
   - suggestive Werbung;
5. Umsatzentwicklung,
   - zyklische Werbung,
   - antizyklische Werbung;
6. Gegenstand der Werbung,
   - Produktwerbung (Werbung für ein Produkt),
   - Firmenwerbung (Werbung für einen Betrieb = Public Relations);
7. Angesprochener Personenkreis,
   - Händlerwerbung (ist an Händler gerichtet),
   - Verbraucherwerbung (ist an Verbraucher gerichtet).

227 Unterscheiden Sie Einzel- und Massenumwerbung!

Bei der **Einzelumwerbung** spricht man einzelne Kunden direkt und persönlich an, z.B. durch Vertreterbesuche oder mit Werbebriefen.

Bei der **Massenumwerbung** wird ein sehr großer Personenkreis über die Massenmedien (Fernsehen, Rundfunk und Zeitschriften) angesprochen. Die Werbung muß so gestaltet sein, daß sie möglichst viele Konsumenten anspricht, was aufgrund der unterschiedlichen Wünsche und Vorstellungen der Konsumenten zu Problemen führt.

228 Unterscheiden Sie Einzel- und Kollektivwerbung!

Wenn ein Betrieb allein wirbt, spricht man von **Einzelwerbung**. Der Vorteil liegt vor allem in der Abstimmung der Werbung auf die eigenen betrieblichen Besonderheiten.

Werben mehrere Betriebe gemeinsam, spricht man von **Kollektivwerbung.** Sie wird unterschieden in:

- **Sammelwerbung,** d.h., die Betriebe werden namentlich genannt (z.B. Autohändler werben gemeinsam für eine Automarke);
- **Gemeinschaftswerbung,** d.h., die werbenden Betriebe bleiben anonym (z.B. „Trinkt deutschen Wein!").

229 Unterscheiden Sie informative und suggestive Werbung!

Bei der **informativen Werbung** steht die sachliche Information über das Produkt im Vordergrund (z.B. Darstellung und Erläuterung der technischen Ausstattung sowie der Verwendungsmöglichkeiten des Produktes).

Wenn bei der Werbung die Gefühle und Wünsche der Konsumenten angesprochen werden, spricht man von **Suggestivwerbung** (z. B. Appelle an das Unterbewußtsein).

230 Unterscheiden Sie zyklische und antizyklische Werbung!

Bei der **zyklischen Werbung** werden die Werbeausgaben am Umsatz (bzw. Gewinn) des Unternehmens orientiert, d.h., die Werbeausgaben sind um so höher, je günstiger die Situation des Unternehmens ist.

Wenn die Unternehmen in Zeiten der Depression und Rezession verstärkt Werbung betreiben, liegt **antizyklische Werbung** vor. Diese Form der Werbung ist nicht nur betriebs-, sondern auch volkswirtschaftlich sinnvoll.

231 Nennen Sie Grundsätze der Werbung!
*

Die wichtigsten Anforderungen an die Werbung sind:

- **Werbewirksamkeit,** d.h., Werbeinhalt und Werbemittel müssen so ausgewählt werden, daß sie die Konsumenten entsprechend der angestrebten Zielsetzung beeinflussen (Wahl der Farbe, der Texte, der Bilder spielen dabei eine große Rolle);
- **Werbewahrheit,** d.h., die Werbung soll sachlich richtig informieren und nicht täuschen und irreführen (ein getäuschter Kunde wird kein zweites Mal kaufen);
- **Werbeklarheit,** d.h., die Werbeaussage muß klar und leicht verständlich sein;
- **Wirtschaftlichkeit** der Werbung, d.h., die Kosten der Werbung sollen in einem vernünftigen Verhältnis zum Werbeerfolg stehen. Problematisch ist allerdings die Messung des Werbeerfolges, da es schwierig ist, Absatzveränderungen einer bestimmten Werbemaßnahme zuzurechnen, da auch Preise, Qualität u.a. den Absatz beeinflussen.

232 Welche Werbemittel gibt es?
*

Die **Werbemittel** dienen der Durchführung der Werbung. Von den zahlreichen Werbemitteln sollen nur die wichtigsten genannt werden:

- Anzeigen in Zeitschriften und Zeitungen,
- Werbesendungen in Rundfunk und Fernsehen,
- Prospekte und Kataloge,
- Werbebriefe und Postwurfsendungen,
- Broschüren und Flugblätter,
- Warenproben und Muster,
- Werbegeschenke und Zugaben,
- Schaufenster und Auslagen.

233 Welche Werbeträger gibt es?
*

Die Werbemittel müssen an die Umworbenen „herangetragen" werden; dies erfolgt über die **Werbeträger** (Streumedien). Als Werbeträger kommen Personen, Sachen und Institutionen in Betracht, wie z. B.:

- Zeitungen und Zeitschriften,
- Rundfunk- und Fernsehanstalten,
- Anschlagtafeln und Plakatsäulen.

234 „Werbung senkt die Preise". Nehmen Sie dazu Stellung!

Zunächst einmal kann man davon ausgehen, daß die Ausgaben für die Werbung die Selbstkosten eines Betriebes erhöhen und normalerweise die Preise dementsprechend steigen.

Geht man davon aus, daß die Massenproduktion mit eine Folge der Werbung ist, so hat die Werbung sicherlich einen Anteil an der Fixkostendegression und der damit verbundenen kostengünstigen Produktion.

235 Was ist Public Relations?

Wenn ein Unternehmen die Öffentlichkeit über sich selbst unterrichtet mit dem Ziel, um Vertrauen zu werben, spricht man von **Public Relations.**

Public Relations wendet sich also an die gesamte Öffentlichkeit und hat nicht die Absatzsteigerung zum Gegenstand. Zweifelsohne ergeben sich aber aus einer guten Darstellung in der öffentlichen Meinung auch positive Rückwirkungen auf den Absatz eines Unternehmens.

5.3 Absatzwege

236 Unterscheiden Sie direkten und indirekten Absatz!
*

Beim **direkten Absatz** verkauft das Unternehmen seine Erzeugnisse unmittelbar dem Verbraucher oder Weiterverarbeiter, ohne andere selbständige Betriebe einzuschalten. Wählt ein Unternehmen diesen Absatzweg, so muß es alle Aufgaben des Handels selbst übernehmen. Der direkte Absatz erfolgt über Fabrikfilialen, Vertragshändler, Vertreter und Reisende.

Beim **indirekten Absatz** treten zwischen Produzenten und Konsumenten selbständige Handelsbetriebe (Groß- und Einzelhandel), die dem Unternehmen bestimmte Aufgaben abnehmen.

237 Welche Aufgaben hat der Handel?
*

Die Aufgabe des Handels besteht grundsätzlich darin, einen Ausgleich zu schaffen zwischen dem Angebot der Hersteller und den Wünschen der Verbraucher. Im einzelnen unterscheidet man folgende Aufgaben (Funktionen):

- **räumlicher Ausgleich,** d.h., der Handel bringt die Waren vom Hersteller zum Konsumenten;
- **zeitlicher Ausgleich,** d.h., der Handel überbrückt die Zeit zwischen Produktion und Verbrauch durch bedarfsorientierte Vorratshaltung;
- **quantitativer (mengenmäßiger) Ausgleich,** d.h., der Handel schafft einen Ausgleich zwischen den (großen) Produktionsmengen und (kleinen) Verbrauchsmengen einer Ware;
- **qualitativer Ausgleich,** d.h., der Handel stellt aus vielen, meist engen Produktionsprogrammen mehrerer Hersteller verbrauchergerechte Sortimente zusammen;
- Information und Beratung.

238 Was ist eine Handelskette?

Unter einer **Handelskette** (Absatzkette) versteht man eine Folge von Absatzorganen, die ein Erzeugnis vom Produzenten bis zum Konsumenten durchläuft.

Beispiele für typische Absatzketten sind:

- Produzent → Verbraucher,
- Produzent → Einzelhändler → Verbraucher,
- Produzent → Großhändler → Einzelhändler → Verbraucher.

5.4 Preisgestaltung

239 Nennen Sie die Grundlagen der betrieblichen Preispolitik!

Grundlagen der betrieblichen **Preispolitik** sind:

- der Marktpreis für gleichartige Produkte,
- die Kostenrechnung und Kalkulation des Betriebes.

Mit Hilfe der Marktforschung kann der Unternehmer ermitteln, wie seine Konkurrenten ihre Produkte anbieten (Marktpreis) und welchen Preis die potentiellen Nachfrager zu zahlen bereit sind. Die Kostenrechnung und die Kalkulation dagegen zeigen ihm, zu welchem Preis er sein Produkt mindestens anbieten muß, damit sich seine Tätigkeit lohnt (Preisuntergrenze).

240 Was ist Preisdifferenzierung?

Verkauft ein Betrieb Produkte gleicher Art zu verschiedenen Preisen, spricht man von **Preisdifferenzierung.** Man unterscheidet:

- räumliche Preisdifferenzierung: Das Unternehmen verkauft gleiche Produkte auf räumlich abgegrenzten Märkten zu unterschiedlichen Preisen (z.B. Preisdifferenzierung zwischen In- und Ausland = dumping);

- zeitliche Preisdifferenzierung: Das Unternehmen fordert für gleichartige Produkte zu verschiedenen Zeiten unterschiedliche Preise (z.B. Sommer- und Winterpreise im Pelzhandel);
- Preisdifferenzierung nach dem Verwendungszweck (z.B. unterschiedliche Stromtarife für Haushalt und Industrie);
- Preisdifferenzierung nach der Absatzmenge (z.B. unterschiedliche Rabattsätze für unterschiedliche Mengen).

241 Welche Preisnachlässe unterscheidet man?
*

Preisnachlässe werden gewährt als

- **Rabatt:** Nach dem Grund der Rabattgewährung unterscheidet man Mengenrabatt, Treuerabatt, Wiederverkäuferrabatt, Personalrabatt;
- **Bonus:** eine Gutschrift bzw. ein Preisnachlaß. der den Abnehmern nachträglich von Lieferanten zugestanden wird (z.B. für das Erreichen einer bestimmten Abnahmemenge in einem Jahr);
- **Skonto:** ein prozentualer Preisnachlaß auf den Rechnungsbetrag bei Zahlung innerhalb einer bestimmten Frist (bei sofortiger Zahlung = Barzahlungsnachlaß).

242 Was ist Preisbindung?

Man spricht von **vertikaler Preisbindung** (Preisbindung der zweiten Hand), wenn der Händler vom Hersteller vertraglich verpflichtet wird, die Erzeugnisse zu einem vom Hersteller festgesetzten Preis zu verkaufen. Die vertikale Preisbindung ist für fast alle Waren verboten. Für Verlagserzeugnisse, z.B. für Bücher und Zeitschriften, ist sie jedoch noch zulässig.

Unter **horizontaler Preisbindung** versteht man die Preisfestsetzung durch ein Kartell (s. Frage 107).

5.5 Konditionen und Kundendienst

243 Was sind Konditionen?
*

Die **Konditionen** (Geschäftsbedingungen) umfassen

- **Allgemeine Geschäftsbedingungen,** d.h. Bedingungen, die ein Unternehmen allen Verträgen zugrunde legt (z.B. Abreden über Sachmängelhaftung, Eigentumsvorbehalt, Erfüllungsort);
- **Lieferungsbedingungen,** z.B. Vereinbarungen über die Übernahme der Beförderungskosten (Fracht, Rollgeld, Versicherungen u.a.);
- **Zahlungsbedingungen,** d.h. Vereinbarungen über Zahlungsort und Zahlungszeitpunkt von Geldschulden (z.B. Vorauszahlung, Übergabe gegen Bezahlung = Zahlung „Zug um Zug“, Ratenzahlung, Vereinbarung eines Zahlungsziels mit oder ohne Skontoabzug).

Die Allgemeinen Geschäftsbedingungen sind in dem „Gesetz zur Regelung des Rechts der allgemeinen Geschäftsbedingungen“ (AGB-Gesetz) geregelt.

244 Was ist Kundendienst?

Unter **Kundendienst** versteht man freiwillige zusätzliche Dienstleistungen eines Herstellers oder Händlers, die er seinen Kunden vor, während und nach erfolgtem Kauf anbietet. Kundendienstleistungen können

- unentgeltlich sein, z.B. Beratung über die Bedienung eines technischen Produkts, Lieferung von Erzeugnissen frei Haus;
- berechnet werden, z.B. Geräteüberwachung und -wartung, Werkstätten- und Pflegedienst, Bereitstellung von Ersatzteilen.

5.6 Produkt- und Sortimentsgestaltung

245 Was ist Produktgestaltung?

Produktgestaltung besteht in der Festlegung der Eigenschaften und des Äußeren eines Produkts.

Sie umfaßt z.B. die äußere Form und Ausstattung eines Produkts und die Gestaltung der Verpackung (zweckmäßig, wiederverwendbar, werbewirksam).

246 Was ist Sortimentsgestaltung?

Unter **Sortimentsgestaltung** versteht man die Auswahl und Zusammensetzung der in einem Unternehmen angebotenen Waren. Sie erfolgt unter dem Aspekt der Verbrauchsorientierung und der Unterscheidung von der Konkurrenz.

247 Unterscheiden Sie Sortimentsbreite und Sortimentstiefe!
*

Die **Sortimentsbreite** wird bestimmt durch die Zahl der in das Angebot aufgenommenen verschiedenartigen Güter (viele Güterarten = breites Sortiment, wenige Güterarten = enges Sortiment).

Die **Sortimentstiefe** ist gekennzeichnet durch die Zahl der Variationen eines gleichartigen Produktes. Variationen können sein: verschiedene Materialien, Größen, Farben, Preislagen (viele Ausführungen innerhalb einer Güterart = tiefes Sortiment, wenige Ausführungen = flaches Sortiment).

6 Der Zahlungsverkehr

6.1 Barzahlung

248 Was versteht man unter Barzahlung?
*

Bei der **Barzahlung** (zweiseitiges Bargeldgeschäft) erscheint beim Zahlenden (Käufer) und beim Zahlungsempfänger (Verkäufer) bares Geld. Keiner der Geschäftspartner hat ein Konto, das berührt wird.

Die Barzahlung spielt heute nur noch im Einzelhandel, d.h. bei Alltagsgeschäften, eine Rolle, da sie bei größeren Geldbeträgen zeitraubend, unbequem und vor allem risikoreich ist.

249 Welche Formen der Barzahlung unterscheidet man?

Die Barzahlung wird unterschieden in:

- **direkte Zahlung,** d.h., der Zahlende übergibt dem Zahlungsempfänger unmittelbar den zu zahlenden Betrag (üblich im Einzelhandelsgeschäft);
- **Postanweisung,** bis zu einem Höchstbetrag von 3000,— DM kann der Zahlende bei einem Postamt einzahlen; der Briefträger zahlt dann dem Zahlungsempfänger den Betrag bar aus (Gebühr ist ebenfalls vergleichsweise hoch).

250 Welche Angaben enthält eine Quittung?

Bei der direkten Barzahlung wird die Zahlung oft durch eine **Quittung** bestätigt. Die Quittung enthält üblicherweise folgende Angaben:

- Name des Zahlers,
- Grund der Zahlung,
- Betrag,
- Empfangsbestätigung,
- Ort und Datum,
- Unterschrift.

6.2 Halbbare Zahlung

251 Was ist halbbare Zahlung?
*

Von der **halbbaren Zahlung** (einseitiges Bargeldgeschäft) spricht man, wenn nur einer der beiden Geschäftspartner mit Bargeld in Berührung kommt; entweder hat der Zahler (Käufer) oder der Zahlungsempfänger (Verkäufer) ein Konto.

252 Welche Formen der halbbaren Zahlung unterscheidet man (Überblick)?
*

Die **halbbare Zahlung** wird unterschieden in:

- Postnachnahme (beim Postdienst),
- Zahlschein (bei der Postbank und bei den Banken),
- Barscheck (bei der Postbank und bei den Banken (s. Frage 268).

253 Beschreiben Sie den Zahlschein (Post)!

Mit dem **Zahlschein** zahlt der Schuldner bei einem Postamt den Geldbetrag bar ein. Der Betrag wird dann dem Postbankgirokonto des Empfängers gutgeschrieben. Der Zahlschein kennt keine Höchstbeträge und bietet günstige Gebühren.

Zahlscheinen werden oft Rechnungen oder Mahnungen beigefügt (Anschrift und Rechnungsbetrag sind evtl. vorgedruckt) und ermöglichen eine einfache Zahlung. Sie findet relativ häufig Verwendung.

254 Beschreiben Sie die Postnachnahme!

Mit der **Postnachnahme** wird die Post beauftragt, bei der Zustellung von Postsachen die Rechnungsbeträge mit einzuziehen (Höchstbetrag: 3000,— DM). Von dieser Möglichkeit macht insbesondere der Versandhandel Gebrauch, um sicherzustellen, daß gelieferte Waren sofort bezahlt werden.

255 Beschreiben Sie den Zahlschein (Bank)!

Der **Zahlschein,** mit dem bei den Banken gezahlt wird, entspricht dem Zahlschein bei der Postbank. Der Zahlende zahlt den Betrag bar bei der Bank ein, der dem Konto des Zahlungsempfängers gutgeschrieben wird.

6.3 Bargeldlose Zahlung

256 Was ist bargeldlose Zahlung?
*

Bei der **bargeldlosen Zahlung** besitzen Zahler und Empfänger ein Konto. Keiner der Betroffenen kommt mit Bargeld in Berührung. Die Zahlung wird buchungsmäßig über die Konten abgewickelt (Buchgeld, Giralgeld).

Die unbare Zahlung ist bequem, billig, schnell und sicher.

257 Welche Formen der bargeldlosen Zahlung unterscheidet man (Überblick)?
*

Die **bargeldlose Zahlung** kann erfolgen durch

- Überweisung (Bank- bzw. Postbanküberweisung),
- Verrechnungsscheck (s. Fragen 269 ff.),
- Wechsel (s. Fragen 281 ff.).

258 Beschreiben Sie die Überweisung!
*

Bei der **Überweisung** müssen sowohl der Zahlende als auch der Zahlungsempfänger über ein Konto verfügen. Auf dem Konto des Schuldners erfolgt eine Lastschrift, auf dem Konto des Gläubigers eine Gutschrift. Der Zahler erhält in der Regel über jeden Zahlungsvorgang einen Kontoauszug und die Lastschriftanzeige, der Zahlungsempfänger erhält ebenfalls einen Kontoauszug und die Gutschriftanzeige.

Die Überweisung kann über die Bank (Banküberweisung) oder über die Postbank (Postbanküberweisung) vorgenommen werden.

259 Unterscheiden Sie Bank- und Postüberweisung!

Voraussetzung für die **Banküberweisung** ist ein sog. laufendes Konto (Girokonto) der Geschäftspartner bei der gleichen Bank oder bei verschiedenen Banken.

Voraussetzung für die **Postbanküberweisung** ist ein Postbankgirokonto des Zahlenden bei einer der 14 Postbank-Niederlassungen der Bundesrepublik Deutschland.

260 Beschreiben Sie die Sonderformen der Banküberweisung!

Um den differenzierten Wünschen ihrer Kunden gerecht zu werden, bietet die Bank (ebenso wie die Post) folgende Möglichkeiten der **Überweisung** an:

1. **Dauerauftrag:** Für Zahlungen, die
   - regelmäßig wiederkehren,
   - in der Höhe stets gleich sind,
   - den gleichen Adressaten haben,

   gibt der Zahlungspflichtige seiner Bank einen einmaligen Überweisungsauftrag, der bis auf Widerruf regelmäßig ausgeführt wird (Beispiele: Miete, Beiträge an Verbände);
2. **Lastschriftverfahren:** Für Zahlungen, die
   - regelmäßig wiederkehren,
   - in der Höhe schwanken,
   - den gleichen Adressaten haben,

   erlaubt der Zahlungspflichtige dem Zahlungsempfänger, den Betrag von seinem Konto abzubuchen (Einzugsermächtigung) oder beauftragt seine Bank, die vom Zahlungsempfänger vorgelegten Lastschriften von seinem Konto abzubuchen (Abbuchungsauftrag) (Beispiele: Rechnungen für Strom, Gas, Wasser);
3. **Eilüberweisung:** Die Bank des Zahlers sendet aus Gründen der Zeitersparnis die Gutschriftanzeige direkt an die Bank des Zahlungsempfängers (die zeitraubende Abwicklung über die Landeszentralbanken wird verkürzt);
4. **Blitzgiro:** In besonders dringenden Fällen werden die Zahlungen an die Bank des Zahlungsempfängers telefonisch oder telegraphisch angewiesen.

261 Nennen Sie die Sonderformen der Postüberweisung!

Die Postbank bietet ebenso wie die Banken mehrere Arten der Überweisung an:

- Dauerauftrag,
- Lastschrift,
- Eilauftrag in Form des Auftrags mit Vorrangbehandlung (Empfänger hat ein Konto bei derselben Postbank-Niederlassung) bzw. des Auftrags zur Datenübermittlung (Empfänger hat ein Konto bei einer anderen Postbank-Niederlassung).

262 Was versteht man unter dem Gironetz?
*

Zur Abwicklung des Zahlungsverkehrs (insbesondere des bargeldlosen Zahlungsverkehrs) haben sich gleichartige Banken zu **Gironetzen** zusammengeschlossen. Man unterscheidet den

- Giroverkehr der Sparkassen,
- Giroverkehr der Kreditbanken,
- Giroverkehr der Kreditgenossenschaften,
- Postbankzahlungsverkehr,
- Giroverkehr der Landeszentralbanken.

Der **Giroverkehr** wird innerhalb und auch zwischen den einzelnen Gironetzen abgewickelt. Die gegenseitige Verrechnung der Gutschriften und Lastschriften erfolgt über die Landeszentralbanken.

6.4 Scheck

263 Wie lautet die Definition des Schecks?
*

Der **Scheck** ist ein Wertpapier (Urkunde), in dem der Aussteller eine Bank anweist, aus seinem Guthaben eine bestimmte Geldsumme zu zahlen.

264 Nennen Sie die gesetzlichen Bestandteile des Schecks!

Der Scheck **muß** enthalten:

- die Bezeichnung als Scheck im Text der Urkunde;
- die unbedingte Anweisung, eine bestimmte Geldsumme zu zahlen;
- den Namen dessen, der zahlen soll (Bezogener);
- die Angabe des Zahlungsortes;
- die Angabe des Tages und des Ortes der Ausstellung;
- die Unterschrift des Ausstellers.

265 Welche Bedeutung haben die gesetzlichen und kaufmännischen Bestandteile des Schecks!

Das Scheckgesetz schreibt für den Scheckinhalt sechs Bestandteile zwingend vor **(gesetzliche Bestandteile).** Eine Urkunde, in der einer dieser Bestandteile fehlt, gilt grundsätzlich nicht als Scheck.

Daneben gibt es Bestandteile, die vom Gesetzgeber nicht vorgeschrieben sind, jedoch den Scheckverkehr erleichtern **(kaufmännische Bestandteile),** z. B. Schecknummer, Kontonummer des Ausstellers, Bankleitzahl, Scheckempfänger, Überbringerklausel.

266 Wie kann ein Scheck verwendet werden?
*

Einen als Zahlungsmittel erhaltenen Scheck kann man

- der Bank des Schuldners zur Barauszahlung vorlegen,
- der eigenen Bank mit Hilfe eines Einziehungsauftrages zur Gutschrift einreichen,
- als Zahlungsmittel an einen Dritten weitergeben.

267 Welche Arten des Schecks gibt es (Überblick)?

Man unterscheidet:

1. nach dem Scheckbezogenen,
   - Bankscheck,
   - Postbankscheck;
2. nach der Art der Einlösung,
   - Barscheck,
   - Verrechnungsscheck;
3. nach dem Scheckempfänger,
   - Inhaberscheck (Überbringerscheck),
   - Namensscheck (Orderscheck),
   - Rektascheck;
4. nach der internationalen Gültigkeit,
   - Eurocheque.

268	Was ist ein Barscheck? *	Beim **Barscheck** zahlt das Kreditinstitut dem Überbringer des Schecks den Scheckbetrag auf Wunsch bar aus.
269	Was ist ein Verrechnungsscheck? *	Beim **Verrechnungsscheck** muß der Scheckbetrag dem Konto des Einreichers gutgeschrieben werden, d.h., er wird nicht bar ausgezahlt. Der Verrechnungsscheck entsteht durch den Vermerk „nur zur Verrechnung" auf der Vorderseite des Schecks. Eine Streichung dieses Vermerks gilt als nicht erfolgt, d.h., trotz der Streichung bleibt der Scheck ein Verrechnungsscheck. Jeder Barscheck kann zu einem Verrechnungsscheck gemacht werden.
270	Was ist ein Inhaberscheck? *	Der Scheck, der laut Gesetz ein Orderpapier ist – Orderpapiere müssen den Namen (Order) des Empfängers enthalten –, wird durch den Zusatz „oder Überbringer" (Überbringerklausel) zum **Inhaberscheck** (Überbringerscheck). Durch diese Klausel wird der Name des Scheckempfängers bedeutungslos. Jeder Scheckinhaber kann die Barauszahlung bzw. Gutschrift des Scheckbetrages verlangen. Eine Streichung der Überbringerklausel betrachten die Banken als nicht erfolgt.
271	Welche Bedeutung hat die Überbringerklausel? *	Die von den Banken ausgegebenen Schecks enthalten alle die **Überbringerklausel** und sind somit Inhaberschecks. Für die Banken entfällt dadurch die Verpflichtung, die Personalien des Scheckvorlegers zu überprüfen. Sie übernehmen dementsprechend auch keine Haftung, wenn der Scheckbetrag an einen Unberechtigten ausgezahlt wird.
272	Was ist ein Namensscheck? *	Der **Namensscheck** (Orderscheck) enthält den Namen des Scheckempfängers (Order). Der Zusatz „oder Überbringer" fehlt. Deshalb kann dieser Scheck nur durch Indossament weitergegeben werden. Vor allem beim Zahlungsverkehr der Banken untereinander und bei hohen Scheckbeträgen wird der Namensscheck verwendet.
273	Was ist ein Rektascheck?	Durch den Zusatz „nicht an Order" (negative Orderklausel) entsteht der **Rektascheck.** Die Weitergabe des Schecks soll dadurch verhindert werden.
274	Beschreiben Sie den Eurocheque! *	Der **Eurocheque** (ec) gilt in rund 40 europäischen Ländern in Verbindung mit der Scheckkarte. Das bezeichnete (bezogene) Kreditinstitut garantiert dem Schecknehmer die Zahlung von höchstens 400,00 DM je Scheck, wenn folgende Voraussetzungen erfüllt sind: ● Unterschrift, Name des Kreditinstituts sowie Kontonummer auf Eurocheque und Eurocheque-Karte müssen übereinstimmen; ● die Nummer der Eurocheque-Karte muß auf der Rückseite des Eurocheques vermerkt sein;

- das Ausstellungsdatum des Eurocheques muß innerhalb der Gültigkeitsdauer der Eurocheque-Karte liegen.

275 Wie wird der Scheck weitergegeben?
*

Der Inhaberscheck wird an einen Dritten formlos durch Einigung und Übergabe übertragen. Erfolgt die Weitergabe mit einem Übertragungsvermerk auf der Rückseite des Schecks (Indossament, Giro), so haftet neben dem Aussteller auch der Weitergebende für die Scheckeinlösung.

Der Namensscheck kann nur durch Indossament und Übergabe übertragen werden.

276 Wann ist der Scheck zahlbar?

Jeder Scheck ist bei Sicht (am Tage der Vorlegung) zahlbar, auch der vordatierte Scheck.

Beim vordatierten Scheck wird als Ausstellungsdatum ein späteres Datum eingesetzt. Die dadurch entstehende Zahlungsfrist erkennen die Banken nicht an.

277 Welche Vorlegungsfristen gibt es?

Die gesetzlichen **Vorlegungsfristen** betragen

- 8 Tage nach Ausstellung für in der Bundesrepublik ausgestellte Schecks;
- 20 Tage nach Ausstellung für Schecks, bei denen Zahlungsort und Ausstellungsort sich in demselben Erdteil befinden (Mittelmeerländer zählen im Scheckverkehr zu Europa);
- 70 Tage nach Ausstellung für Schecks, bei denen sich Zahlungsort und Ausstellungsort in verschiedenen Erdteilen befinden.

278 Was bedeutet „Rückgriff mangels Zahlung"?

Wird der rechtzeitig vorgelegte Scheck nicht eingelöst, weil keine Deckung vorhanden ist (ungedeckter Scheck), kann der Inhaber gegen den Aussteller und u.U. gegen die Indossanten **Rückgriff** (Regreß) nehmen. Die Nichteinlösung des Schecks wird durch die Bank mit dem Vermerk „vorgelegt und nicht eingelöst" bestätigt.

Im Rahmen seines Rückgriffsrechts kann der Scheckinhaber von dem Scheckverpflichteten Schecksumme, Zinsen, entstandene Kosten und eine gesetzlich begrenzte Provision verlangen.

Verweigert der Scheckverpflichtete die Zahlung, kann der Scheckinhaber seine Forderung gerichtlich eintreiben (Scheckklage).

279 Was ist beim Scheckverlust zu unternehmen?

Beim **Scheckverlust** ist die Bank unverzüglich zu benachrichtigen. Der Scheck wird gesperrt, und beim zuständigen Amtsgericht wird die Kraftloserklärung (**Amortisation**) beantragt.

Beim Verlust eines Eurocheques ist eine Sperrung des Schecks nicht möglich. Der Inhaber von Eurocheques sollte stets darauf achten, daß Schecks und Scheckkarte getrennt aufbewahrt werden; dadurch wird ein Scheckmißbrauch weitgehend verhindert.

280 Welche Verwendungsmöglichkeiten bietet der Postscheck?

Der **Postbankscheck** bietet folgende Verwendungsmöglichkeiten:

- ohne Angabe des Zahlungsempfängers kann die Barauszahlung des Scheckbetrages an jeden Vorleger unmittelbar durch das Postamt erfolgen (Barscheck),
- der Postbankscheck kann als Verrechnungsscheck benutzt werden,
- der Postbankscheck kann als Zahlungsmittel weitergegeben werden.

6.5 Wechsel

281 Wie lautet die Definition des Wechsels?
*

Der **Wechsel** ist eine Urkunde, in der ein Gläubiger einen Schuldner auffordert, zu einem angegebenen Zeitpunkt eine bestimmte Summe an seine oder eine andere Person zu zahlen (gezogener Wechsel, Tratte).

282 Beschreiben Sie das Wesen des Wechsels!
*

Der Erläuterung des **Wechsels** soll folgender Fall dienen: Der Einzelhändler E kauft von seinem Lieferanten L Waren und kann bei Fälligkeit des Rechnungsbetrages nicht zahlen. (d.h., E hat eine Verbindlichkeit bei L). Andererseits hat der Einzelhändler aus Warenverkäufen eine Forderung an seinen Kunden K. E kann nun K auffordern, nicht an ihn selbst, sondern an den L zu zahlen. E stellt einen Wechsel aus.

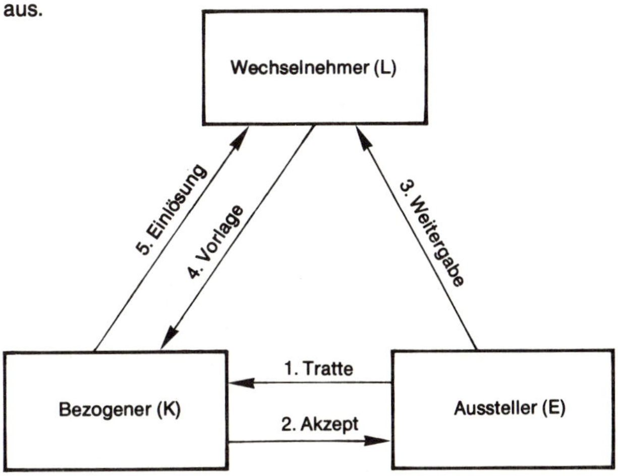

Der Aussteller (E) zieht einen Wechsel (Tratte) auf den Bezogenen (K). Der Bezogene kann den Wechsel annehmen (akzeptieren) und schickt den von ihm unterschriebenen Wechsel (Akzept) an den Aussteller zurück. Der Aussteller gibt den Wechsel weiter an den Wechselnehmer (L). Am Fälligkeitstag legt der Wechselnehmer den Wechsel dem Bezogenen vor, und der Bezogene löst den Wechsel ein, indem er an den Wechselnehmer zahlt.

283 Wie heißen die Wechselbeteiligten?

Für die Wechselbeteiligten gibt es folgende Begriffe:

- Wechselaussteller = Trassant,
- Bezogener = Trassat = Akzeptant,
- Wechselnehmer = Wechselempfänger = Remittent.

284 Unterscheiden Sie den eigenen Wechsel und den Wechsel an eigene Order!
*

Der **eigene Wechsel** (Solawechsel) liegt vor, wenn der Aussteller verspricht, den Wechselbetrag zu einem angegebenen Zeitpunkt selbst zu bezahlen. Es handelt sich um ein Zahlungsversprechen (Aussteller = Bezogener).

Der **Wechsel an eigene Order** liegt vor, wenn der Aussteller den Bezogenen auffordert, an ihn selbst zu zahlen (Aussteller = Wechselnehmer).

285 Welche Bedeutung haben die gesetzlichen und kaufmännischen Bestandteile des Wechsels?

Das Wechselgesetz schreibt für den Wechselinhalt acht Bestandteile zwingend vor (**gesetzliche Bestandteile**). Eine Urkunde, in der einer dieser Bestandteile fehlt, gilt grundsätzlich nicht als Wechsel.

Daneben gibt es Bestandteile, die vom Gesetzgeber nicht vorgeschrieben sind, jedoch den Wechselverkehr erleichtern (**kaufmännische Bestandteile**), z.B. Wechselnummer, Bankleitzahl, Wiederholung von Daten in Ziffern u.a.

286 Nennen Sie die gesetzlichen Bestandteile des Wechsels!
*

Der **Wechsel** muß enthalten:

- die Bezeichnung als Wechsel im Text der Urkunde;
- die unbedingte Anweisung, eine bestimmte Geldsumme zu zahlen;
- den Namen dessen, der zahlen soll (Bezogener);
- die Angabe der Verfallzeit;
- die Angabe des Zahlungsortes;
- den Namen dessen, an den oder an dessen Order gezahlt werden soll;
- die Angabe des Tages und des Ortes der Ausstellung;
- die Unterschrift des Ausstellers.

287 Unterscheiden Sie Besitz- und Schuldwechsel!
*

Für den Aussteller (bzw. den Wechselempfänger) ist der akzeptierte Wechsel ein **Besitzwechsel.**

Für den Bezogenen ist der akzeptierte Wechsel ein **Schuldwechsel.**

288 Unterscheiden Sie Waren- und Finanzwechsel!

Von einem **Warenwechsel** (Handelswechsel) spricht man, wenn der Wechselziehung ein Warengeschäft zugrunde liegt.

Von einem **Finanzwechsel** spricht man, wenn die Wechselziehung der Geldbeschaffung dient.

289 Was ist eine Rimesse?

Eine **Rimesse** ist ein als Zahlungsmittel weitergegebener Wechsel.

290 Wie kann ein Wechsel verwendet werden?

Der Wechselinhaber kann den Wechsel

- vor dem Verfalltag an eine Bank verkaufen (diskontieren),
- an einen Gläubiger weitergeben (indossieren),
- am Verfalltag dem Bezogenen vorlegen (präsentieren),
- am Verfalltag einer Bank zum Einzug geben (Inkasso).

291 Welche Bedeutung hat der Wechsel?
*

Der **Wechsel** ist

- Kreditmittel, d. h., der Lieferer räumt seinem Kunden ein Zahlungsziel ein, oder der Wechsel wird (vor Fälligkeit) diskontiert;
- Zahlungsmittel, d. h., der Wechsel kann durch Weitergabe als Zahlungsmittel verwendet werden;
- Sicherungsmittel, d. h., durch die sog. **Wechselstrenge** (strenge Vorschriften hinsichtlich Haftung, Form, Fristen und Klageverfahren) gewährleistet der Wechsel mit hoher Wahrscheinlichkeit die Einlösung des Wechselbetrages.

Annahme und Weitergabe

292 Was ist ein Akzept?
*

Unter **Akzept** versteht man

- den akzeptierten Wechsel oder
- die Annahmeerklärung selbst (Unterschrift).

Mit der (quergeschriebenen) Annahmeerklärung verpflichtet sich der Wechselbezogene unbedingt und unwiderruflich, am Verfalltag die Wechselsumme zu zahlen.

293 Welche Akzeptarten gibt es?

Beim Wechsel unterscheidet man folgende Akzeptarten:

- **Vollakzept:** Es beinhaltet neben der Unterschrift des Bezogenen den Wechselbetrag, den Verfalltag sowie Ort und Datum;
- **Kurzakzept:** Es besteht nur aus der Unterschrift des Bezogenen;
- **Teilakzept:** Der Bezogene akzeptiert den angegebenen Betrag nicht in voller Höhe (z. B. wird aufgrund einer Mängelrüge ein Preisnachlaß gefordert);
- **Blankoakzept:** Der Bezogene unterschreibt einen Wechsel, bei dem der Betrag oder der Verfalltag nicht angegeben sind und erst später eingesetzt werden (Vertrauenssache);
- **Avalakzept** (= Bürgschaftsakzept): Ein Bürge unterschreibt unter dem Akzept des Bezogenen mit dem Text „als Bürge angenommen“ oder „per Aval“ (findet Anwendung, wenn der Aussteller aus Sicherheitsgründen einen Bürgen wünscht).

294 Welche Bedeutung hat das Avalakzept?

Beim Avalakzept haftet der Bürge dem Wechselinhaber (z. B. Aussteller, Wechselnehmer) wie der Bezogene selbst. Es handelt sich beim Bürgschaftsakzept stets um eine selbstschuldnerische Bürgschaft.

295 Wie wird ein Wechsel weitergegeben?
*

Zur Weitergabe des Wechsels an einen Dritten ist die schriftliche Übertragungserklärung (**Indossament**) des Weitergebenden (Indossant bzw. Girant) an den Empfänger (Indossatar bzw. Girat) auf der Rückseite des Wechsels erforderlich. Diesen Vorgang nennt man indossieren bzw. girieren.

296 Welche Funktionen erfüllt das Indossament?
*

Das **Indossament** hat folgende Aufgaben:

- Transportfunktion, d. h., durch das Indossament gehen das Eigentum und alle Rechte aus dem Wechsel an den Wechselnehmer über;
- Garantiefunktion, d. h., der Indossant garantiert (haftet) mit seiner Unterschrift dem Wechselnehmer für die Annahme und Einlösung des Wechsels;
- Legitimationsfunktion, d. h., das Indossament weist den Wechselinhaber als rechtmäßigen Wechseleigentümer aus.

297 Welche Arten des Indossaments gibt es?

Man unterscheidet folgende Arten des Indossaments:

- **Vollindossament:** Es beinhaltet den Namen des Empfängers und die Unterschrift des Weitergebenden;
- **Kurzindossament** (Blankoindossament): Es besteht nur aus der Unterschrift des Weitergebenden und wird verwendet, wenn noch nicht sicher ist, ob der Empfänger den Wechsel als Zahlungsmittel annimmt;
- **Rektaindossament:** Durch den Zusatz „nicht an Order" verbietet der Indossant die Weitergabe des Wechsels. Er haftet nicht, wenn der Wechsel trotzdem weitergegeben wird;
- **Inkassoindossament:** In Form des Vollmachts-, Prokura- oder Einziehungsindossaments berechtigt der Indossant den Indossatar zur Einziehung des Wechselbetrages (Zusatz z. B. „zum Inkasso").

Diskontierung und Einlösung

298 Wie erfolgt die Diskontierung?
*

Wird ein Wechsel vor dem Verfalltag an eine Bank verkauft, spricht man von **Diskontierung.** Die Bank gewährt dem Wechselinhaber einen kurzfristigen Kredit, da sie selbst den Wechselbetrag erst am Verfalltag erhält. Sie berechnet deshalb Zinsen für diese vorzeitige Zahlung (Diskont) und zieht diese von der Wechselsumme (Nennwert) ab. Den Auszahlungsbetrag bezeichnet man als Barwert.

299 Was ist Rediskontierung?
*

Um zu flüssigen Mitteln zu kommen, können die Geschäftsbanken angekaufte Wechsel an die Landeszentralbank (LZB) weiterverkaufen (**Rediskontierung**). Die LZB berechnet ebenfalls einen Diskont (Bankrate).

300 Welche Bedingungen stellt die Landeszentralbank bei der Rediskontierung?
*

Ein Wechsel ist nur unter folgenden Voraussetzungen zentralbank- oder **rediskontfähig**:

- Der Wechsel muß innerhalb von 3 Monaten fällig sein,
- er muß ein Handelswechsel sein,
- der Wechsel muß die Unterschriften von drei als zahlungsfähig bekannten Personen oder Firmen enthalten,
- der Wechsel muß bei einem Kreditinstitut an einem Orte zahlbar gestellt sein, an dem sich eine Landeszentralbank oder eine Landeszentralbankfiliale befindet (Bankplatz).

301 Wie erfolgt die Einlösung des Wechsels?

Der Wechselinhaber bzw. das beauftragte Kreditinstitut müssen den Wechsel am Verfalltag oder an einem der beiden folgenden Werktage dem Bezogenen oder der Zahlstelle (Bank) vorlegen. Der Bezogene prüft

- die Wechselberechtigung des Vorlegers,
- die Indossamentenkette auf Vollständigkeit,
- die formale Ordnungsmäßigkeit des Wechsels.

Der Bezogene kann vom Inhaber gegen Zahlung die Aushändigung des quittierten Wechsels verlangen. Der Vorleger muß auch Teilzahlungen entgegennehmen.

302 Welche Folge hat eine verspätete Wechselvorlage?

Wird die Vorlegefrist versäumt, verliert der Wechselinhaber seine Rechte gegen die Indossanten, den Aussteller und alle anderen Wechselverpflichteten mit Ausnahme des Bezogenen. Dessen Zahlungsverpflichtung verjährt in drei Jahren vom Verfalltag an gerechnet.

Nichteinlösung

303 Was ist ein notleidender Wechsel?
*

Ein Wechsel wird zum **notleidenden Wechsel,** wenn

- ihn der Bezogene nicht akzeptiert (dies führt zum Protest mangels Annahme),
- ihn der Bezogene nicht oder nur teilweise einlöst (dies führt zum Protest mangels Zahlung),
- die Finanzlage des Bezogenen unsicher wird (dies führt zum Protest mangels Sicherheit).

Der Wechselinhaber kann in diesen Fällen Rückgriff nehmen oder Klage erheben (Wechselklage).

304 Was ist der Wechselprotest?
*

Der **Wechselprotest** ist die öffentliche Beurkundung, daß der Bezogene den zur rechten Zeit und am rechten Ort vorgelegten Wechsel nicht angenommen bzw. nicht oder nur teilweise bezahlt hat.

Jeder Protest muß durch einen Notar, einen Gerichts- oder Postbeamten (nur bis 3000,— DM) aufgenommen werden.

Protestversäumnis (Protestfrist: 2 Werktage) führt zum Verlust des Rückgriffsrechts auf Aussteller und Indossanten (kein Rückgriff ohne Protest!).

305 Was ist Notifikation?
*

Notifikation bedeutet Benachrichtigung über eine Protesterhebung.

- Der Wechselinhaber muß seinen unmittelbaren Vormann und den Aussteller innerhalb von vier Werktagen benachrichtigen.
- Jeder Indossant muß innerhalb von zwei Werktagen nach Empfang der Notifikation seinen unmittelbaren Vormann benachrichtigen.

Mit der Notifikation wird ein möglicher Rückgriff angekündigt.

306 Wie erfolgt der Rückgriff?
*

Dem Wechselinhaber haften alle Wechselverpflichteten (Aussteller, Indossanten, Bürgen). Der Wechselinhaber kann deshalb zur Befriedigung seines Anspruches jeden einzeln oder mehrere oder alle Wechselverpflichteten in Anspruch nehmen (**Rückgriff**, Regreß) unter der Voraussetzung, daß ordnungsgemäß Protest erhoben wurde.

307 Was beinhaltet die Rückrechnung?

Der Rückgriffsberechtigte verlangt von dem in Anspruch genommenen Wechselverpflichteten seine Rückgriffsforderung als **Rückrechnung**, die sich zusammensetzt aus:

- Wechselbetrag,
- Protestkosten,
- Verzugszinsen ab Verfalltag,
- $^1/_3$ % Provision,
- Auslagen.

308 Unterscheiden Sie Reihen- und Sprungregreß!
*

Von **Reihenregreß** (Reihenrückgriff) spricht man, wenn in der umgekehrten Reihenfolge der Indossamente ein Vormann nach dem anderen regreßpflichtig gemacht wird.

Nimmt der Wechselinhaber auf einen beliebigen Wechselverpflichteten Rückgriff, ohne auf die Reihenfolge zu achten, so handelt es sich um einen **Sprungregreß** (Sprungrückgriff).

309 Was ist Prolongation?
*

Unter **Prolongation** versteht man die Verlängerung der Laufzeit eines Wechsels. Wechselprotest und Wechselklage werden dadurch vermieden. Der fällige Wechsel wird auf Wunsch des Bezogenen durch einen neuen mit einem späteren Verfalltag ersetzt.

310 Wie verläuft die Wechselklage?

Gegen jeden Wechselverpflichteten kann wegen Nichteinlösung des Wechsels Klage erhoben werden **(Wechselklage,** Wechselprozeß). Kläger ist oft der Aussteller, der nicht mehr zurückgreifen kann; Beklagter ist in diesem Fall der Bezogene.

Der Wechselprozeß ist gekennzeichnet durch eine schnelle Abwicklung des Verfahrens infolge

- kurzer Einlassungsfristen,
- beschränkter Beweismittel,
- sofortiger Vollstreckbarkeit des rechtskräftigen Urteils.

7 Finanzierung und Investition

7.1 Finanzierung

311 Was versteht man unter Finanzierung?
*

Finanzierung umfaßt alle Maßnahmen, die mit der Kapitalbeschaffung verbunden sind. Der Gegenwert des Kapitals kann in Form von Geld, Gütern oder Wertpapieren zur Verfügung gestellt werden.

Die Kapitalbeschaffung findet ihren Niederschlag auf der Passivseite der Bilanz (Positionen des Eigen- und Fremdkapitals).

312 Unterscheiden Sie Eigen- und Fremdkapital!

Kapital ist der auf der Passivseite der Bilanz einer Unternehmung ausgewiesene abstrakte Gegenwert des Vermögens. Er gibt Auskunft über die Herkunft der finanziellen Mittel. Man unterscheidet Eigen- und Fremdkapital:

- **Eigenkapital** ist das von den Eigentümern der Unternehmung aufgebrachte Kapital. Es ist grundsätzlich unbefristet und haftet für Unternehmensschulden.
- **Fremdkapital** ist das Kapital, das der Unternehmung von Gläubigern gegen den festen Anspruch auf Verzinsung für eine bestimmte Zeit zur Verfügung gestellt wird. Langfristiges Fremdkapital (z.B. Darlehen, Schuldverschreibungen) steht dem Unternehmen längere Zeit zur Verfügung. Kurzfristiges Fremdkapital (z.B. Lieferantenkredite, Wechselkredite) muß bereits nach einem kurzen Zeitraum zurückgezahlt werden.

313 Welche Aufgaben hat die Finanzplanung?

Der **Finanzplan** als Teilplan im System der betrieblichen Planung enthält die Einnahmen und Ausgaben der Unternehmung.

Aufgabe der Finanzplanung ist die Ermittlung des zukünftigen Kapitalbedarfs und der optimalen Finanzierungsform unter Berücksichtigung der ständigen Zahlungsfähigkeit der Unternehmung.

314 Welche Finanzierungsarten werden unterschieden (Überblick)?
*

Man unterscheidet:

1. Außenfinanzierung,
   - Kreditfinanzierung (Fremdfinanzierung),
   - Einlagenfinanzierung (Eigenfinanzierung);
2. Innenfinanzierung,
   - Selbstfinanzierung (Eigenfinanzierung),
   - Freisetzungsfinanzierung (Eigen- oder Fremdfinanzierung).

315 Unterscheiden Sie Außen- und Innenfinanzierung!
*

Bei der **Außenfinanzierung** wird das Kapital dem Unternehmen von außen zugeführt, es stammt also nicht aus dem betrieblichen Umsatzprozeß.

Bei der **Innenfinanzierung** stammt das Kapital aus dem Unternehmen selbst.

316 Was ist Kreditfinanzierung?
*

Bei der **Kreditfinanzierung** (Fremdfinanzierung) wird dem Unternehmen durch außenstehende Kapitalgeber (Gläubiger) Fremdkapital auf begrenzte Zeit zur Verfügung gestellt.

Das Fremdkapital verursacht im Gegensatz zum Eigenkapital Ausgaben durch den Zins- und Tilgungsdienst, die sich auf die Liquidität eines Unternehmens auswirken können.

317 Was ist Einlagenfinanzierung?
*

Einlagenfinanzierung (Beteiligungsfinanzierung) liegt vor, wenn dem Unternehmen durch die Eigentümer Eigenkapital zur Verfügung gestellt wird.

Einzelfirmen und Personengesellschaften erhalten das Kapital aus den privaten Mitteln des Unternehmers bzw. der Gesellschafter oder durch Neuaufnahme von Gesellschaftern.

Kapitalgesellschaften erhalten ihr Eigenkapital durch die Ausgabe von Aktien bzw. durch die Stammeinlagen der Gesellschafter.

318 Was ist Selbstfinanzierung?
*

Bei der **Selbstfinanzierung** werden Teile des Gewinns nicht ausgeschüttet, sondern zurückbehalten (Gewinnthesaurierung).

Bei der offenen Selbstfinanzierung wird der zurückbehaltene Gewinn entweder den Kapitalkonten zugeschrieben (Einzelfirmen, Personengesellschaften) oder auf Rücklagekonten gesammelt (Betriebe mit festem Nominalkapital wie AG, GmbH).

Stille (verdeckte) Selbstfinanzierung geschieht durch die Bildung stiller Rücklagen. Diese entstehen entweder durch Unterbewertung von Vermögensteilen (z. B. durch überhöhte Abschreibungen) oder durch Überbewertung von Schulden (z. B. überhöhte Rückstellungen). Überhöhte Abschreibungen z. B. erhöhen den Aufwand der betreffenden Periode, wodurch der tatsächliche Gewinn vermindert wird. Dieser nicht ausgewiesene Gewinn schafft zusätzliches „unsichtbares" Eigenkapital.

319 Was ist Freisetzungsfinanzierung?
*

Freisetzungsfinanzierung (Finanzierung aus freigesetztem Kapital) ist die Finanzierung durch

- Abschreibungsrückflüsse (Desinvestition),
- Vermögensumschichtungen (z. B. Verkauf nicht betriebsnotwendiger Vermögensteile wie Wertpapiere, Grundstücke),
- Rationalisierungsmaßnahmen (z. B. Verkürzung der Lagerdauer von Erzeugnissen),
- Bildung von Pensionsrückstellungen (bis zur Auszahlung der Pensionen kann mit dem Kapital gearbeitet werden).

320 Unterscheiden Sie Fremdfinanzierung und Eigenfinanzierung!

Erhält das Unternehmen von Außenstehenden (Gläubigern) Kapital, spricht man von **Fremdfinanzierung.**

Wird zusätzliches Kapital durch die Eigentümer (Unternehmer, Gesellschafter, Aktionäre) bzw. durch Zurückbehalten von Gewinnen aufgebracht, handelt es sich um **Eigenfinanzierung.**

321 Stellen Sie die Vorteile der Eigen- und Fremdfinanzierung gegenüber!

Vorteile der **Eigenfinanzierung** sind:

- kein fester Zins- und Tilgungsdienst, dadurch keine Belastung der Liquidität;
- Eigenkapital gewährt nur dann das Recht auf Gewinnanteile, wenn Gewinne erzielt wurden, dadurch entsteht keine Verringerung der betrieblichen Substanz in Verlustjahren;
- Kapital steht i. d. R. unbefristet zur Verfügung.

Vorteile der **Fremdfinanzierung** sind:

- Gläubiger des Fremdkapitals haben i.d.R. kein Mitbestimmungsrecht;
- Fremdkapitalzinsen können als Betriebsausgaben abgezogen werden, dadurch wird der steuerpflichtige Gewinn vermindert.

322 Beschreiben Sie die wichtigsten Finanzierungsgrundsätze!

Folgende **Finanzierungsgrundsätze** müssen beachtet werden:

- Wahrung der Liquidität;
- langfristige Finanzierung des Anlagevermögens und der langfristig gebundenen Teile des Umlaufvermögens (eiserner Bestand) durch Eigenkapital und langfristiges Fremdkapital (goldene Bilanzregel);
- die Fristigkeit des Fremdkapitals muß der Zeit der Bindung des Kapitals in Vermögensteile entsprechen (Fristenkongruenz);
- Rentabilität des Kapitaleinsatzes, d.h., die Rendite einer Kapitalanlage muß höher sein als die Kreditkosten;
- von mehreren Finanzierungsmöglichkeiten muß die kostengünstigste genommen werden.

323 Was ist Leasing?
*

Werden Anlagen und Investitionsgüter durch die Hersteller selbst oder durch spezielle Leasing-Gesellschaften vermietet oder verpachtet, spricht man von **Leasing.**

Diese besondere Form der Finanzierung findet Anwendung als Equipment-leasing (Vermietung von Büromaschinen, Büromöbeln, Transportmaschinen u.a.) und als Industrieanlagen-leasing (Vermietung bzw. Verpachtung von ganzen Industrieanlagen, Verwaltungsgebäuden u.a.).

324 Vergleichen Sie Kauf und Leasing!

Ein Vergleich zwischen Leasing und Kauf ist nur im Einzelfall möglich. Beurteilungskriterien sind:

- technische Gesichtspunkte, z.B. das Veralten der Maschinen;
- finanzielle Gesichtspunkte, Vergleich der Miet- bzw. Pachtkosten mit anderen Finanzierungsmöglichkeiten, Auswirkungen auf die Liquidität;
- steuerliche Gesichtspunkte, die Mietraten können unter bestimmten Bedingungen voll als Aufwendungen angesetzt werden.

7.2 Investition

325 Was versteht man unter Investition?
*

Unter **Investition** versteht man die Verwendung der durch die Finanzierung beschafften Mittel.

Die Kapitalverwendung findet ihren Niederschlag auf der Aktivseite der Bilanz (Anlage- und Umlaufvermögen).

326 Welche Investitionsarten werden unterschieden (Überblick)?

Man unterscheidet die **Investitionsarten** nach:

1. Vermögensgegenständen,
   - Sachinvestition,
   - Finanzinvestition,
   - immaterielle Investition;
2. Veränderung der Produktionsmittelbestände,
   - Ersatzinvestition,
   - Neuinvestition,
   - Bruttoinvestition.

327 Unterscheiden Sie Sach-, Finanz- und immaterielle Investition!

Eine **Sachinvestition** liegt vor, wenn finanzielle Mittel in Sachgüter, wie z.B. Gebäude, Maschinen, Rohstoffe, umgewandelt werden.

Bei der **Finanzinvestition** werden finanzielle Mittel in Finanzvermögen umgewandelt, z.B. Beteiligungen.

Von einer **immateriellen Investition** spricht man, wenn finanzielle Mittel in immaterielle Werte, wie z.B. Patente, Werbung, gebunden werden.

328 Unterscheiden Sie Ersatz-, Neu- und Bruttoinvestition!
*

Ersatzinvestition (Re-Investition) ist der Teil der Investitionen, der auf die Ersatzbeschaffung wirtschaftlich verbrauchter Güter entfällt.

Neuinvestition (Erweiterungs- bzw. Nettoinvestition) ist der Teil der Investitionen, der zur Erweiterung der Betriebskapazität führt.

Bruttoinvestition ist die Gesamtinvestition eines Betriebes in einer Wirtschaftsperiode. Sie stellt die Summe aus Ersatz- und Neuinvestition dar.

329 Was ist Desinvestition?
*

Wenn die investierten Geldmittel über den Markt (meist durch Warenverkäufe) wieder freigesetzt, d.h. in flüssige Mittel umgewandelt werden, spricht man von **Desinvestition**.

330 Welche Probleme beinhaltet die Investitionsplanung?

Besondere Probleme des **Investitionsplans** liegen in

- der Interdependenz der Teilpläne (s. Frage 48),
- der richtigen Wahl des Ersatzzeitpunktes (wann soll eine noch funktionierende Maschine durch eine neue evtl. bessere Maschine ersetzt werden?),
- dem Kostenvergleich zwischen mehreren zur Wahl stehenden Alternativen (die Maschinen unterscheiden sich in den Anschaffungskosten, der Lebensdauer, der Reparaturanfälligkeit, der Qualität der Produkte und dem technischen Stand).

8 Der Kredit

331 Was versteht man unter Kredit?
*

Kredit ist die Übertragung von

- Geldmitteln (Geldkredit) oder
- Gütern (Warenkredit)

an andere Personen gegen das Versprechen späterer Rückvergütung.

332 Welchen Inhalt hat der Kreditvertrag?

Der **Kreditvertrag** beinhaltet Regelungen über:

- Kreditumfang,
- Kreditdauer,
- Kreditkosten (Zinsen und Provision),
- Rückzahlungsmodalitäten,
- Sicherheiten (Kreditsicherung).

333 Welche Kriterien bestimmen die Kreditwürdigkeit?

Der Kreditgeber wird in der Regel vor der Kreditvergabe die **Kreditwürdigkeit** prüfen. Diese wird vor allem bestimmt durch die

- Persönlichkeit und die persönlichen Verhältnisse des Kreditnehmers (z.B. Zuverlässigkeit und berufliche Erfolge),
- wirtschaftlichen Verhältnisse des Kreditnehmers (z.B. geregeltes Einkommen, Einkommenshöhe, vorhandenes Vermögen).

Vor der Kreditvergabe an Betriebe wird oftmals eine Bilanzanalyse durchgeführt (s. Frage 374 ff.).

8.1 Kreditarten

334 Welche Kreditarten unterscheidet man (Überblick)?
*

Die Kredite werden unterschieden nach

1. Art der Leistung,
   - Geldkredit,
   - Warenkredit;
2. Kreditgeber,
   - Liefererkredit,
   - Bankkredit;
3. Kreditdauer,
   - kurzfristige Kredite,
   - mittelfristige Kredite,
   - langfristige Kredite;
4. Kreditzweck,
   - Investitionskredit,
   - Betriebsmittelkredit,
   - Zwischenkredit;
5. Kreditform,
   - Kontokorrentkredit,
   - Darlehen;
6. Kreditsicherung (s. Frage 342 ff.).

335 Unterscheiden Sie Geld- und Warenkredit!

Unter **Geldkredit** versteht man die Vergabe von Geldmitteln. Wenn das Geld bar ausgezahlt wird, liegt ein **Barkredit** vor.

Unter **Warenkredit** versteht man einen Kauf (bzw. Verkauf) auf Ziel.

336 Unterscheiden Sie Lieferer- und Bankkredit!

Der **Liefererkredit** erfolgt in der Regel als Warenkredit.

Der **Bankkredit** erfolgt in der Regel als Barkredit.

337 Unterscheiden Sie die Kredite nach der Kreditdauer!

Kurzfristige Kredite liegen vor, wenn die Kreditlaufzeit unter sechs Monaten liegt.

Bei **mittelfristigen Krediten** liegt die Laufzeit zwischen sechs Monaten und vier Jahren.

Bei einer Laufzeit von vier Jahren und darüber spricht man von **langfristigen Krediten.**

338 Unterscheiden Sie Investitions-, Betriebsmittel- und Zwischenkredit!

Der **Investitionskredit** dient der Erstellung, Erweiterung und Erneuerung von Anlagevermögen.

Der **Betriebsmittelkredit** dient der Verstärkung des Umlaufvermögens (z. B. Erhöhung der Rohstoffbestände).

Der **Zwischenkredit** (Saisonkredit) dient der Überbrückung von kurzfristigen Liquiditätsschwierigkeiten.

339 Was versteht man unter Kontokorrentkredit?
*

Beim **Kontokorrentkredit** räumt die Bank einem Kreditnehmer auf einem „laufenden Konto" (Kontokorrentkonto) einen Kredit bis zu einer bestimmten Höhe (Kreditlimit, Kreditlinie) ein.

Der Kontoinhaber kann den Kredit

- ganz oder teilweise beanspruchen,
- ganz oder teilweise zurückzahlen,
- stets wieder neu in Anspruch nehmen.

Abgerechnet werden nicht die einzelnen Zahlungen (Gutschriften oder Lastschriften), sondern der sich jeweils ergebende Saldo.

Berechnet werden:
- Kreditzinsen,
- Kreditprovision,
- Umsatzprovision,
- Überziehungsprovision.

Dieser Kredit dient vor allem der Sicherung der Liquidität und ist in der Regel kurzfristig.

340 Was ist ein Darlehen?

Darlehen ist die Hingabe von Geld oder Sachen an einen Dritten mit der Verpflichtung, das Empfangene in Sachen gleicher Art, Güte und Menge zurückzuerstatten.

Üblicherweise versteht man unter Darlehen ein Gelddarlehen (Bezeichnung Kredit ist ebenfalls möglich), bei dem der gesamte Geldbetrag in einer Summe bereitgestellt wird (meist längerfristig).

Die Rückzahlung der Darlehenssumme kann erfolgen

- in voller Höhe am Fälligkeitsdatum = Fälligkeitsdarlehen,
- in Teilbeträgen (Raten) = Tilgungsdarlehen (als Annuitäten- oder Abzahlungsdarlehen).

341 Beschreiben Sie die Arten der Darlehenstilgung!
*

Das **Annuitätendarlehen** verpflichtet den Schuldner zur regelmäßigen Zahlung jährlich gleichbleibender Beträge (Annuitäten). Davon entfällt ein ständig wachsender Teil auf die Tilgung und ein ständig sinkender Teil auf die Zinsen für die Restschuld **(Annuitätentilgung)**.

Das **Abzahlungsdarlehen** sieht eine jährlich gleichbleibende Tilgungsquote vor. Da die Zinsen für die verbleibende Restschuld sinken, verringern sich die jährlichen Zahlungen **(Ratentilgung).** Die Rückzahlung dauert im Vergleich zur Annuitätentilgung länger (bei gleichen Bedingungen).

8.2 Kreditsicherung

342 Welche Formen der Kreditsicherung gibt es (Überblick)?
*

Nach der Art der **Kreditsicherung** unterscheidet man:

1. Personalkredit (Blankokredit);
2. verstärkter Personalkredit,
   - Wechseldiskontkredit,
   - Bürgschaftskredit,
   - Zession,
   - Kreditleihe;
3. Realkredit,
   - Verpfändung (Lombardkredit),
   - Sicherungsübereignung,
   - Grundpfandrechte (Hypothek, Grundschuld).

Personalkredit

343 Beschreiben Sie den reinen Personalkredit!
*

Beim **reinen Personalkredit** (ungedeckter Kredit, Blankokredit) liegt die Sicherung des Kredites nur in der Person bzw. in der Kreditwürdigkeit des Kreditnehmers; darüber hinaus bestehen keine zusätzlichen Sicherheiten.

Der reine Personalkredit wird vor allem gewährt als Kontokorrentkredit, persönlicher Kleinkredit, persönliches Anschaffungsdarlehen. Er ist in der Regel ein kurzfristiger Kredit.

344 Beschreiben Sie den verstärkten Personalkredit!
*

Beim **verstärkten Personalkredit** haften neben dem Kreditnehmer noch weitere Personen für die Kreditrückzahlung.

345 Was ist ein Wechseldiskontkredit?
*

Beim **Wechseldiskontkredit** (Diskontkredit) kauft das Kreditinstitut später fällige Wechsel und stellt dem Verkäufer (Kreditnehmer) den Barwert zur Verfügung.

Der Diskontkredit bietet folgende Vorteile:

- günstige Bedingungen für den Kreditnehmer (der Diskontkredit ist, verglichen mit anderen Kreditarten, ein billiger Kredit);

6 Groh/Schröer ISBN 3-8120-0266-6

- Sicherheit für den Kreditgeber infolge der Wechselstrenge, der Haftung der Wechselverpflichteten, der Kurzfristigkeit und des festen Rückzahlungstermins;
- bei Bedarf zusätzliche Liquidität für den Kreditgeber durch die Möglichkeit der Rediskontierung.

346 Was ist ein Bürgschaftskredit?
*

Beim **Bürgschaftskredit** werden zwei Verträge abgeschlossen:

- Kreditvertrag zwischen Kreditnehmer (Hauptschuldner) und Kreditgeber (Gläubiger);
- Bürgschaftsvertrag zwischen Bürgen und Gläubiger; der Bürge verpflichtet sich in diesem Vertrag, für die Erfüllung der Verbindlichkeit des Hauptschuldners einzustehen. Grundsätzlich muß ein Bürgschaftsvertrag schriftlich abgeschlossen werden. Vollkaufleute können sich auch mündlich verbürgen, falls die Bürgschaft im Rahmen ihres Geschäftsbetriebes eingegangen wird.

347 Unterscheiden Sie Ausfallbürgschaft und selbstschuldnerische Bürgschaft!
*

Bei der **Ausfallbürgschaft** kann der Bürge verlangen, daß der Gläubiger zunächst mit allen außergerichtlichen und gerichtlichen Mitteln versucht, den Hauptschuldner zur Zahlung zu veranlassen (Recht der „Einrede der Vorausklage"). Zahlt der Schuldner nicht, muß der Bürge zahlen.

Bei der **selbstschuldnerischen Bürgschaft** haftet der Bürge wie der Hauptschuldner selbst, d.h., er verzichtet auf das Recht der Einrede der Vorausklage. Kommt der Schuldner seiner Zahlungsverpflichtung nicht nach, so kann der Gläubiger zur Befriedigung seiner Forderung sofort den Bürgen heranziehen.

Kreditinstitute verlangen in der Regel die selbstschuldnerische Bürgschaft. Vollkaufleute können sich nur selbstschuldnerisch verbürgen.

348 Was ist Zession?
*

Unter **Zession** versteht man die Abtretung einer Forderung an eine Bank oder einen anderen Kreditgeber zur Sicherung eines Kredits. Neben dem Kreditvertrag wird zwischen Kreditnehmer und Kreditgeber ein Zessionsvertrag abgeschlossen. Durch diesen geht die Forderung des bisherigen Gläubigers (Kreditnehmer, Zedent) gegenüber seinem Schuldner (Drittschuldner) auf den neuen Gläubiger (Zessionar) über.

349 Unterscheiden Sie offene und stille Zession!

Bei der **offenen Zession** erfährt der Drittschuldner von der Forderungsabtretung und zahlt direkt an den neuen Gläubiger.

Bei der **stillen Zession** erfährt der Drittschuldner nichts von der Forderungsabtretung und zahlt weiter an den bisherigen Gläubiger. Dieser leitet die Zahlungen an den Zessionar weiter.

350 **Was versteht man unter Kreditleihe?**
*

Stellt eine Bank kein Geld zur Verfügung, sondern ihre eigene Kreditwürdigkeit, so spricht man von **Kreditleihe.**

Man unterscheidet:

- **Avalkredit** (Bankbürgschaft): Hier übernimmt das Kreditinstitut eine selbstschuldnerische Bürgschaft zugunsten eines Kunden. Bankbürgschaften erhalten vor allem Behörden, aber auch private Unternehmer für Zahlungsverpflichtungen aus Zöllen und Steuern, für vereinbarte Konventionalstrafen im Baugewerbe u. a.;
- **Akzeptkredit** (Bankakzept): Das Kreditinstitut akzeptiert einen von einem vertrauenswürdigen Kunden auf sich gezogenen Wechsel. Der Kunde kann den Wechsel als Kreditmittel verwenden (diskontieren) oder als Zahlungsmittel an einen Gläubiger weitergeben. Rechtzeitig vor Verfall des Wechsels muß der Kunde für Deckung sorgen.

Realkredit

351 **Was versteht man unter Realkredit?**
*

Beim **Realkredit** haften neben dem Kreditnehmer bestimmte Vermögensgegenstände zur Sicherung des Kredits.

352 **Was ist Verpfändung?**
*

Werden dem Gläubiger zur Sicherung eines Kredits **(Lombardkredit)** bewegliche, entbehrliche Sachen (z.B. Schmuck) oder verbriefte Rechte (z.B. Wertpapiere, Bausparverträge) als Faustpfand übergeben, spricht man von **Verpfändung.** Der Gläubiger wird Besitzer, der Schuldner bleibt Eigentümer der Pfandsache.

Ein Pfandrecht entsteht durch Einigung zwischen Pfandgeber (Kreditnehmer) und Pfandnehmer (Kreditgeber) und durch Übergabe der Pfandsache.

Der Kreditnehmer erhält nur einen bestimmten Teil des vollen Wertes (Beleihungssatz) des Pfandes als Kredit.

Kommt der Schuldner seiner Leistungspflicht nicht nach, kann der Gläubiger das Pfand verwerten, z.B. durch öffentliche Versteigerung.

353 **Nennen Sie Vor- und Nachteile der Verpfändung!**

Vorteile der Verpfändung sind:

- Der Kreditnehmer bleibt Eigentümer, er erhält also die verpfändeten Sachen zurück, wenn der Kredit getilgt ist;
- relativ günstige Kreditmöglichkeit (Lombardsatz liegt i. d. R. über dem Diskontsatz).

Nachteile der Verpfändung sind:

- Der Kreditnehmer kann die Sachen nicht mehr nutzen, da er sie übergeben muß;
- der Beleihungssatz ist oft sehr gering;
- der Kreditgeber muß die verpfändeten Sachen verwahren.

354 Was ist Sicherungsübereignung?
*

Werden dem Gläubiger zur Sicherung eines Kredits bewegliche, unentbehrliche Sachen (z. B. Waren, Maschinen, Fahrzeuge) ohne Übergabe übereignet, liegt **Sicherungsübereignung** vor. Der Gläubiger wird Eigentümer, der Schuldner bleibt Besitzer der Sache.

Der Gläubiger (Kreditgeber) erwirbt nur das bedingte Eigentum an der Sache, d. h., nur bei Verletzung der Rückzahlungspflicht kann er von seinem Herrschaftsrecht Gebrauch machen (öffentliche Versteigerung). Wird der Kredit ordnungsgemäß zurückgezahlt, geht das Eigentum von selbst wieder auf den Kreditnehmer über.

355 Nennen Sie Vor- und Nachteile der Sicherungsübereignung!

Vorteile der Sicherungsübereignung sind:

- Der Kreditnehmer kann die übereigneten Sachen weiter nutzen,
- der Kreditgeber muß die Sachen nicht verwahren.

Nachteile sind:

- Die übereigneten Sachen können verkauft oder zerstört werden,
- der Kreditgeber muß die Sachen kontrollieren.

356 Was ist ein Grundpfandrecht?

Ein **Grundpfandrecht** ist die Belastung eines Grundstückes mit einem bestimmten Pfandbetrag. Den auf diese Weise gesicherten Kredit bezeichnet man als Grundkredit (Realkredit im engeren Sinne). Dieser Kredit ist grundsätzlich langfristig.

Grundpfandrechte entstehen (i. d. R.) durch Einigung und Eintragung ins Grundbuch. Diese Eintragung ersetzt die bei Immobilien nicht mögliche Übergabe des Pfandes.

357 Welche Aufgaben hat das Grundbuch?

Das **Grundbuch** ist ein Verzeichnis aller Grundstücke eines bestimmten Bezirks. Es wird von den Amtsgerichten (Grundbuchämtern) geführt und gibt verbindlich Auskunft (Grundbuch genießt öffentlichen Glauben, d. h. die Eintragungen gelten grundsätzlich als richtig) über die Rechtsverhältnisse eines Grundstückes.

Es enthält Angaben über

- Lage, Art und Größe des Grundstückes;
- Eigentümer;
- Rechte, die mit dem Grundstück verbunden sind (z. B. Nießbrauchrecht, Erbbaurecht);
- Grundpfandrechte (sind mehrere Grundpfandrechte eingetragen, so ist bei einer eventuellen Zwangsvollstreckung in das Grundstück der Rang, d. h. die Reihenfolge der Eintragungen entscheidend für die Befriedigung der einzelnen Gläubiger).

358 Was ist eine Hypothek?
*

Die **Hypothek** ist die Belastung eines Grundstücks in Form eines Pfandrechts zur Sicherung einer bestimmten Forderung. Das Bestehen einer Forderung ist Voraussetzung für das Entstehen einer Hypothek.

Dem Kreditgeber haften

- der Kreditnehmer mit seinem gesamten Vermögen (persönliche Haftung),
- das verpfändete Grundstück aufgrund der im Grundbuch eingetragenen Hypothek (dingliche Haftung).

Zahlt der Schuldner nicht, kann sich der Gläubiger auf dem Wege der Zwangsvollstreckung aus dem Grundstück befriedigen.

359 Was ist eine Verkehrshypothek?

Bei der **Verkehrshypothek** kann sich der Gläubiger zum Beweis seiner Forderung auf die Grundbucheintragung oder auf den Hypothekenbrief berufen, falls er sich mit Hilfe seines Pfandrechts aus dem Grundstück befriedigen will. Bezüglich der Höhe der Forderung trägt der Hypothekenschuldner die Beweislast (häufigste Form der Hypothek).

Eine Verkehrshypothek kann bestellt werden als

- **Buchhypothek:** Sie ist nur im Grundbuch eingetragen, der Gläubiger erhält keine Urkunde über sein Pfandrecht;
- **Briefhypothek:** Die Grundbucheintragung wird ergänzt durch den sogenannten Hypothekenbrief, welcher der Hypothek eine größere Beweglichkeit verleiht.

360 Was ist eine Sicherungshypothek?

Bei der **Sicherungshypothek** liegt die Beweislast über die Höhe der Forderung beim Hypothekengläubiger; er kann sich nicht auf die Grundbucheintragung berufen.

Eine **Höchstbetraghypothek** (Sonderform der Sicherungshypothek) liegt vor, wenn das Grundstück nur bis zu einem im Grundbuch eingetragenen Höchstbetrag haften soll.

Die Sicherungshypothek ist immer eine Buchhypothek.

361 Wie wird eine Hypothek übertragen?

Der Hypothekengläubiger kann seine Forderung nur mit der dazugehörigen Hypothek an einen Dritten übertragen. Grundsätzlich gilt, daß die Forderung nicht ohne die Hypothek und die Hypothek nicht ohne die Forderung übertragen werden können.

Die Übertragung erfolgt

- bei der Briefhypothek durch eine schriftliche Abtretungserklärung und durch die Übergabe des Hypothekenbriefes, die Übertragung kann ins Grundbuch eingetragen werden;
- bei der Buchhypothek durch eine notariell beglaubigte Abtretungserklärung durch den Hypothekengläubiger und Umschreibung im Grundbuch auf den neuen Gläubiger.

362 Was ist eine Grundschuld?
*

Wird ein Grundstück in Form eines Pfandrechts in der Weise belastet, daß an den Berechtigten eine bestimmte Geldsumme aus dem Grundstück zu zahlen ist, liegt eine **Grundschuld** vor.

Im Gegensatz zur Hypothek

- ist die Grundschuld von einer Forderung unabhängig (Grundschuld ohne Schuldgrund),
- besteht bei der Grundschuld nur dingliche Haftung (wird ein Kreditvertrag abgeschlossen, kommt die persönliche Haftung hinzu).

Eine Grundschuld kann als eine Buch- oder Briefgrundschuld bestellt werden.

363 Welche Vorteile bietet die Grundschuld?

Banken bevorzugen in der Regel die Grundschuld, da nicht nur langfristige Kredite, sondern auch Kontokorrentkredite gesichert werden können. Besonders bei wiederholter Kreditaufnahme ist die Grundschuld vorteilhaft, da sie auch bei Rückzahlung eines Kredits in voller Höhe bestehen bleibt. Sie muß also im Gegensatz zur Hypothek nicht neu bestellt werden.

364 Was ist Eigentümergrundschuld?

Bei der **Eigentümergrundschuld** trägt der Grundstückseigentümer die Grundschuld für sich selbst ein. Er kann sich dann später durch Abtretung der Grundschuld schnell und einfach einen Kredit beschaffen.

Eine Hypothek verwandelt sich in eine Eigentümergrundschuld, wenn ein Hypothekenschuldner seine Schuld getilgt hat.

9 Betriebliche Kennzahlen

365 Welche Bedeutung haben Kennzahlen?

Betriebliche **Kennzahlen** (Kennziffern) sind Relativzahlen (Verhältniszahlen), die als Quotient zweier oder mehrerer absoluter Zahlen gebildet werden.

Die Kennzahlen dienen

- dem innerbetrieblichen Vergleich (Vergleich der wichtigsten betrieblichen Daten im Zeitablauf),
- dem zwischenbetrieblichen Vergleich (Vergleich mehrerer Betriebe untereinander),
- der Unternehmensleitung zur Betriebskontrolle und für betriebliche Entscheidungen.

366 Was ist Produktivität?
*

Unter **Produktivität** (mengenmäßige bzw. technische Wirtschaftlichkeit) versteht man das Verhältnis von mengenmäßigem Ausstoß (Output) zum mengenmäßigen Einsatz an Produktionsfaktoren (Input).

$$\text{Produktivität} = \frac{\text{Output (in Stück, m, kg)}}{\text{Input (Materialmenge, Arbeitszeit)}}$$

Produktivitätskennzahlen sind dann z. B. m/Std; Stück/t.

367 Was ist Wirtschaftlichkeit?
*

Wenn der bewertete Output (Ertrag) zum bewerteten Input (Aufwand) ins Verhältnis gesetzt wird, spricht man von der wertmäßigen Produktivität bzw. **Wirtschaftlichkeit.**

$$\text{Wirtschaftlichkeit} = \frac{\text{Ertrag (in DM)}}{\text{Aufwand (in DM)}}$$

Die Forderung nach einer hohen Wirtschaftlichkeit entspricht dem Rationalprinzip.

368 Was ist Rentabilität?
*

Wird der Gewinn eines Unternehmens als Differenz von Ertrag und Aufwand zum eingesetzten Kapital ins Verhältnis gesetzt, spricht man von **Rentabilität.**

$$\text{Rentabilität} = \frac{\text{Gewinn} \cdot 100}{\text{Kapital}}$$

369 Welche Rentabilitätskennzahlen werden unterschieden?

Die **Eigenkapitalrentabilität** (Unternehmerrentabilität) berücksichtigt nur das Eigenkapital.

$$\text{Eigenkapitalrentabilität} = \frac{\text{Gewinn} \cdot 100}{\text{Eigenkapital}}$$

Die **Gesamtkapitalrentabilität** (Unternehmungsrentabilität) berücksichtigt das Gesamtkapital des Unternehmens (Eigenkapital und Fremdkapital). Zu dem Gewinn müssen in diesem Fall die Zinsen für das Fremdkapital hinzugerechnet werden.

$$\text{Gesamtkapitalrentabilität} = \frac{(\text{Gewinn} + \text{Zinsen}) \cdot 100}{\text{Gesamtkapital}}$$

Wird der Gewinn auf den Umsatz bezogen, spricht man von **Umsatzrentabilität**.

$$\text{Umsatzrentabilität} = \frac{\text{Gewinn} \cdot 100}{\text{Umsatz}}$$

Lagerkennzahlen

370 Was besagt der durchschnittliche Lagerbestand?
*

Der **durchschnittliche Lagerbestand** gibt den Wert der im Jahres- oder Monatsdurchschnitt im Lager aufbewahrten Güter an.

$$\text{Durchschnittlicher Lagerbestand} = \frac{\text{Anfangsbestand} + \text{Monatsendbestände}}{13}$$

371 Was besagt die Lagerumschlagshäufigkeit?

Die **Lagerumschlagshäufigkeit** gibt die Geschwindigkeit an, mit der ein durchschnittlicher Lagerbestand umgesetzt wird.

$$\text{Umschlagshäufigkeit} = \frac{\text{Warenumsatz}}{\text{durchschnittlicher Lagerbestand}}$$

Beispiel:

Bei einem Warenumsatz von 48000,— DM und einem durchschnittlichen Lagerbestand von 6000,— DM beträgt die Umschlagshäufigkeit 8, d. h., der Lagerbestand wird im Jahr achtmal umgesetzt.

372 Was besagt die durchschnittliche Lagerdauer?
*

Die **durchschnittliche Lagerdauer** gibt an, wie lange ein Gut im Durchschnitt gelagert wird.

$$\text{Durchschnittliche Lagerdauer} = \frac{360}{\text{Umschlagshäufigkeit}}$$

Für das vorangegangene Beispiel ergibt sich eine durchschnittliche Lagerdauer von 45 Tagen.

373 Wie berechnet man den Lagerzinssatz?
*

Zur Ermittlung der Zinsen für das in den gelagerten Waren gebundene Kapital wird ein **Lagerzinssatz** berechnet. Dessen Höhe ist vor allem von dem bankenüblichen Jahreszins abhängig.

$$\text{Lagerzinssatz} = \frac{\text{Jahreszinssatz}}{\text{Umschlagshäufigkeit}}$$

Für einen Jahreszinssatz von 10 % ergibt sich bei einer Umschlagshäufigkeit von 8 ein Zinssatz von 1,25 %.

Bilanzkennzahlen

374 Was ist Bilanzanalyse?

In der **Bilanzanalyse** werden die unterschiedlichsten Bilanzpositionen, vor allem zusammengefaßte Größen wie Umlaufvermögen oder Anlagevermögen, zueinander in Beziehung gesetzt. Auf diese Weise werden Erkenntnisse gewonnen über

- Vermögensstruktur,
- Kapitalstruktur,
- Verschuldungsstruktur,
- Liquidität,
- Rentabilität.

375 Was versteht man unter Finanzierung?

Die Kennziffer zur **Finanzierung** eines Betriebes gibt das Verhältnis des Eigenkapitals zum Fremdkapital eines Betriebes an. Je größer das Eigenkapital im Verhältnis zum Fremdkapital ist, desto günstiger und krisenfester ist die finanzielle Lage des Betriebes.

$$\text{Finanzierung} = \frac{\text{Eigenkapital}}{\text{Fremdkapital}}$$

376 Wie wird der Vermögensaufbau eines Betriebes beurteilt?

Zur Beurteilung des **Vermögensaufbaus** (Konstitution) einer Unternehmung wird das Anlagevermögen zum Umlaufvermögen ins Verhältnis gesetzt. Diese Kennziffer ist in großem Maße von der Branche abhängig (z. B. material- und anlageintensive Betriebe).

$$\text{Vermögensaufbau} = \frac{\text{Anlagevermögen}}{\text{Umlaufvermögen}}$$

377 Was versteht man unter Investierung?

$$\text{Investierung} = \frac{\text{Eigenkapital}}{\text{Anlagevermögen}}$$

Nach Möglichkeit sollte das Eigenkapital eines Unternehmens nicht nur das Anlagevermögen, sondern auch einen Teil des Umlaufvermögens decken (goldene Bilanzregel).

378 Was ist Liquidität?
*

Unter **Liquidität** versteht man die Fähigkeit eines Unternehmens, seine fälligen Verpflichtungen termingerecht erfüllen zu können.

- Überliquidität liegt vor, wenn der Zahlungsmittelbestand höher ist als der Zahlungsmittelbedarf (führt zu Zinsverlusten).
- Unterliquidität (vorübergehende Zahlungsstockung) liegt vor, wenn die Zahlungsmittelbestände zu gering sind (kann Illiquidität, d. h. völlige und dauerhafte Zahlungsunfähigkeit zur Folge haben).
- Optimale Liquidität liegt vor, wenn sich der Betrieb im finanziellen Gleichgewicht befindet (Einnahmen und Ausgaben stimmen überein).

379 Welche Liquiditätsgrade gibt es?

Die **Liquiditätskennzahlen** ermitteln die Beziehungen zwischen verschiedenen Formen der Deckungsmittel zu den kurzfristigen Verbindlichkeiten.

Die Liquidität wird gemessen als

$$\text{1. Grad} = \frac{\text{Zahlungsmittel} \cdot 100}{\text{kurzfristige Verbindlichkeiten}}$$

$$\text{2. Grad} = \frac{\text{Zahlungsmittel} + \text{kurzfristige Forderungen}}{\text{kurzfristige Verbindlichkeiten}}$$

$$\text{3. Grad} = \frac{\text{Zahlungsmittel} + \text{kurzfristige Forderungen} + \text{Warenbestände}}{\text{kurzfristige Verbindlichkeiten}}$$

Volkswirtschaftliche Fragenkomplexe

1 Wirtschaftssysteme

380 Was ist freie Marktwirtschaft?
*

Die **freie Marktwirtschaft** stellt das Individuum in den Mittelpunkt; sie ist gekennzeichnet durch

- freien Wettbewerb, Angebot und Nachfrage bestimmen den Preis;
- Gewerbefreiheit, jeder kann auf dem Markt beliebige Güter anbieten;
- Streben nach maximalem Gewinn (erwerbswirtschaftliches Prinzip);
- Konsumfreiheit, jeder kann auf dem Markt beliebige Güter nachfragen;
- Investitionsfreiheit, der Unternehmer kann frei über die Verwendung seiner finanziellen Mittel entscheiden;
- Privateigentum;
- freie Berufswahl;
- untergeordnete Rolle des Staates;
- Zwang zur demokratischen Gesellschaftsordnung.

381 Was ist Planwirtschaft?
*

Die **Planwirtschaft** (Zentralverwaltungswirtschaft) stellt den Staat in den Vordergrund; sie ist gekennzeichnet durch

- gesellschaftliches Eigentum an Produktionsmitteln (Staatseigentum),
- totale Regelung der gesamten Produktion durch Jahrespläne,
- Regelung des Marktgeschehens durch den Staat (vorgeschriebene Preise und Mengen),
- staatliche Regelung der Berufswahl und der Wahl des Arbeitsplatzes,
- untergeordnete Bedeutung der Freiheit des Individuums,
- Zwang zur totalitären Gesellschaftsordnung.

382 Was ist soziale Marktwirtschaft?
*

Soziale Marktwirtschaft ist ein Wirtschaftssystem, dessen Ziel es ist, die Initiative des einzelnen mit sozialem Fortschritt und sozialer Sicherheit zu verbinden.

Leitlinien der sozialen Marktwirtschaft sind:

- marktwirtschaftlicher Wettbewerb unter Beachtung staatlich festgesetzter Wettbewerbsregeln (z. B. Kartellgesetz);
- Privateigentum, wobei das Verfügungsrecht beim Eigentum an Produktionsmitteln durch die Mitbestimmung eingeschränkt ist;
- wirtschaftspolitische Aufgaben des Staates (Stabilität, Vollbeschäftigung, Wachstum, außenwirtschaftliches Gleichgewicht);
- soziale Aufgaben des Staates (Sozialgesetzgebung);
- Abwägen der Interessen des einzelnen und der Gesellschaft.

383 Nennen Sie die Vorteile der sozialen Marktwirtschaft!
*

Die soziale Marktwirtschaft beinhaltet Elemente der freien Marktwirtschaft (Freiheit des Individuums) und der Planwirtschaft (Vorrang des Staates).

Vorteile dieses Systems sind:

- staatliche Regelungen zum Ausgleich der sozialen Härten der (totalen) freien Marktwirtschaft, in welcher das Leistungsprinzip allein entscheidend ist (z.B. sind Kranke, Jugendliche, Schwerbeschädigte, alte Menschen durch Gesetze sozial abgesichert);
- möglichst großer Freiheitsraum des einzelnen.

2 Markt und Preisbildung

2.1 Markt

384 Was ist ein Markt?
*

Wenn Angebot und Nachfrage zusammentreffen und einen Umsatz suchen, spricht man von **Markt** im volkswirtschaftlichen Sinn.

385 Welche Marktarten gibt es?

Es gibt folgende Marktarten:

1. **Faktormärkte** (Märkte für die Produktionsfaktoren),
   - Arbeitsmarkt,
   - Kapitalmarkt (Geld- und Realkapital)
   - Immobilienmarkt;
2. **Gütermärkte,**
   - Konsumgütermarkt,
   - Investitionsgütermarkt.

386 Welche Marktformen werden unterschieden?
*

Entsprechend der Anzahl der Marktteilnehmer unterscheidet man:

1. **Monopol** (griechisch: Verkauf durch einen),
   - Angebotsmonopol: ein Anbieter und viele Nachfrager (wird oft vereinfacht als Monopol bezeichnet),
   - Nachfragemonopol: ein Nachfrager und viele Anbieter,
   - zweiseitiges Monopol: ein Anbieter und ein Nachfrager;
2. **Oligopol** (Verkauf durch wenige),
   - Angebotsoligopol: wenige Anbieter und viele Nachfrager,
   - Nachfrageoligopol: wenige Nachfrager und viele Anbieter,
   - zweiseitiges Oligopol: wenige Anbieter und wenige Nachfrager;
3. **Polypol** (Verkauf durch viele): viele Nachfrager und viele Anbieter (vollkommene Konkurrenz).

387 Unterscheiden Sie vollkommene und unvollkommene Märkte!

Der **vollkommene Markt** ist gekennzeichnet durch

- Gleichartigkeit (Homogenität) der Güter;
- Markttransparenz, d.h., alle Marktteilnehmer kennen sämtliche Marktbedingungen;
- Fehlen von Präferenzen, d.h., kein Konsument bevorzugt einen Händler, weil er diesen kennt (persönliche Präferenz) oder weil er in der Nähe des Anbieters wohnt (räumliche Präferenz);
- sofortige Reaktion auf Marktveränderungen.

Fehlt eine dieser Bedingungen, liegt ein **unvollkommener Markt** vor. In der Realität sind alle Märkte unvollkommene Märkte (Ausnahme: Börse).

388 Was ist vollständiger Wettbewerb?

Vollständiger Wettbewerb liegt vor, wenn sich auf einem vollkommenen Markt viele Anbieter und viele Nachfrager gegenüberstehen (Polypol, vollkommene Konkurrenz).

389 Nennen Sie die Bestimmungsgründe der Nachfrage!

Bestimmend für die **Nachfrage** (am Markt wirksamer Bedarf) sind:

- Preis des angebotenen Gutes,
- Preise der übrigen Güter (insbesondere ähnlicher Güter),
- verfügbares Einkommen der Haushalte,
- Bedarfsstruktur der Haushalte (abhängig z.B. von der Ausstattung mit Gütern, der Altersstruktur, dem Prestigedenken u.ä.),
- Erwartungen über die zukünftige wirtschaftliche Entwicklung.

390 Nennen Sie die Bestimmungsgründe des Angebots!

Entscheidend für das **Angebot** sind:

- Preis des Gutes,
- Preise der übrigen Güter,
- Kosten des Gutes,
- Gewinnerwartung,
- Stand der Technik.

2.2 Preisbildung

391 Wie bildet sich der Wettbewerbspreis bei vollständiger Konkurrenz?
*

Bei der Bestimmung des **Wettbewerbspreises** geht man von folgenden (wirklichkeitsnahen) Annahmen aus:

- Die nachgefragte Menge eines Gutes ist um so höher, je geringer der Preis dieses Gutes ist (Nachfragefunktion);
- die angebotene Menge eines Gutes ist um so höher, je höher der Preis dieses Gutes ist (Angebotsfunktion).

Beispiel:

Preis (DM)	Nachfrage (Stück)	Angebot (Stück)
10,—	250	50
20,—	200	100
30,—	150	150
40,—	100	200
50,—	50	250

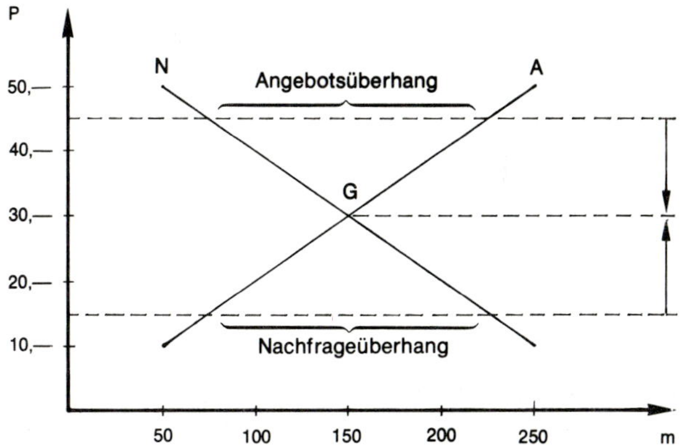

Bei einem Preis über 30,— DM ist das Angebot größer als die Nachfrage (Angebotsüberhang). Die Anbieter konkurrieren miteinander; dies bewirkt eine Preissenkung.

Bei einem Preis unter 30,— DM ist die Nachfrage größer als das Angebot (Nachfrageüberhang). Die Nachfrager konkurrieren miteinander; dies bewirkt eine Preiserhöhung.

Nur im Schnittpunkt G zwischen Angebotskurve und Nachfragekurve befinden sich Angebot und Nachfrage im Gleichgewicht (angebotene Menge = nachgefragte Menge). Der Preis, der dieser Menge entspricht, ist der **Gleichgewichtspreis** (30,— DM). Die Menge bezeichnet man als Gleichgewichtsmenge (150 Stück).

392 Welche Funktionen hat der Marktpreis?
*

Der Marktpreis hat vor allem folgende Funktionen:

- **Lenkungsfunktion** (Allokationsfunktion): Die Produktionsfaktoren wechseln aus Wirtschaftsbereichen mit geringer Gewinnerwartung in Wirtschaftsbereiche mit hoher Gewinnerwartung. Sie gelangen also stets in die Bereiche einer Volkswirtschaft, in denen sie gebraucht werden.
- **Ausschaltungsfunktion:** Der Marktpreis schaltet den Teil der Nachfrager aus, der nicht bereit ist, den Marktpreis zu zahlen. Außerdem werden diejenigen Anbieter, die wegen überhöhter Kosten zu hohe Preise verlangen, aus dem Markt verdrängt.
- **Signalfunktion:** Der Marktpreis spiegelt die Knappheitsverhältnisse der Güter wider, da weniger nachgefragte Güter niedrigere Preise aufweisen als stärker nachgefragte Güter.

393 Welche Möglichkeiten der staatlichen Preisbeeinflussung gibt es?

Der Staat kann die Preise beeinflussen durch

- Einführung eines Preisstopps (erfordert Preisüberwachung),
- Interventionskäufe oder -verkäufe,
- Preisfestsetzung in Form von Höchst- oder Mindestpreisen.

394 Welche Auswirkungen haben Mindestpreise?

Der **Mindestpreis** ist ein Preis, der nicht unterschritten werden darf. Mindestpreise haben die Aufgabe, bei schlechter Absatzlage einen ruinösen Wettbewerb bzw. einen zu starken Preisverfall zu verhindern, um bestimmte Wirtschaftsbereiche (z. B. die Landwirtschaft) zu schützen.

Mindestpreise, die über dem Gleichgewichtspreis liegen, führen aufgrund der gestiegenen Gewinnerwartungen zu einer Ausdehnung der Produktion des betreffenden Gutes. Diesem vergrößerten Angebot steht aber keine entsprechende Nachfrage gegenüber, da die Preise durch das Ausschalten des Preismechanismus „künstlich" in Höhe des Mindestpreises gehalten werden (z. B. „Butterberg"). Der Staat muß durch geeignete Maßnahmen den Angebotsüberhang abbauen (z. B. durch die Ausgabe von Sozialbutter, durch Verkäufe ans Ausland).

395 Welche Auswirkungen haben Höchstpreise?

Der **Höchstpreis** ist eine Preisgrenze, die nicht überschritten werden darf. Mit Hilfe staatlich festgesetzter Höchstpreise sollen Preissteigerungen, die vor allem zu Lasten sozial Schwacher gehen, vermieden werden. Höchstpreise werden auch angewendet, wenn die Versorgung der Bevölkerung infolge des zu knappen Güterangebots gefährdet ist (z. B. in Kriegs- und Nachkriegszeiten).

Liegt der staatlich festgelegte Höchstpreis unter dem Gleichgewichtspreis, sind einige Anbieter wegen der geringen Gewinnerwartung nicht bereit, weiter zu produzieren bzw. ihre Leistungen zur Verfügung zu stellen. Es entsteht ein Nachfrageüberhang, dem der Staat entgegenwirken muß (z. B. durch Lebensmittelmarken, Wohnraumbewirtschaftung).

Da bestimmte Waren auf dem normalen Markt nicht mehr oder nur in begrenzter Menge zu erhalten sind, bilden sich als Folge der Höchstpreispolitik sehr häufig Schwarzmärkte.

396 Beschreiben Sie die Preispolitik beim Monopol, Oligopol und Polypol!

Der **Monopolist** hat keine Konkurrenten und ist deshalb in seinen preispolitischen Entscheidungen völlig unabhängig. Er wählt den Preis, der ihm langfristig den größten Gewinn verspricht.

Der **Oligopolist** ist von der Preisgestaltung seiner Konkurrenten je nach seiner eigenen Marktstellung mehr oder weniger abhängig. Er kann in engen Grenzen den für ihn günstigsten Preis wählen.

Der **Polypolist** ist in seiner Preisgestaltung vom Marktpreis, der für alle Konkurrenten gegeben ist, abhängig; eine Erhöhung des Gewinns ist nur durch eine Ausdehnung der abgesetzten Menge möglich.

3 Geld und Währung

3.1 Geld

397 Welche Geldarten werden unterschieden?

Man unterscheidet folgende **Geldarten:**

1. Metallgeld (Münzen),
   - Kurantmünzen, d.h. vollwertig geprägte Münzen (Nennwert gleich Materialwert),
   - Scheidemünzen, d.h. unterwertig geprägte Münzen (Nennwert größer als Materialwert);
2. Papiergeld (Banknoten);
3. Buchgeld (Giralgeld).

398 Welche Aufgaben hat das Geld?
*

Das **Geld** hat folgende Aufgaben (Funktionen), es ist:

- Tausch- und Zahlungsmittel, d.h. Tausch von Gütern gegen Geld;
- Wertmesser, d.h., Güter werden durch ihren Preis bewertet und damit vergleichbar;
- Recheneinheit, d.h., ungleiche Güter können mit Hilfe ihrer Preise „addiert" werden, z.B. in einer Bilanz;
- Wertaufbewahrungsmittel, d.h. Sparen von Geld;
- Wertübertragungsmittel, d.h. Übertragung von Geld, z.B. bei einer Schenkung.

399 Unterscheiden Sie Realwert und Nominalwert des Geldes!
*

Der **Realwert** des Geldes entspricht seiner Kaufkraft.

Der **Nominalwert** (Nennwert) des Geldes entspricht dem aufgeprägten bzw. aufgedruckten Wert.

400 Was versteht man unter dem Geldwert?

Der **Geldwert** entspricht der **Kaufkraft** des Geldes. Diese wird gemessen durch die Gütermenge, die man mit einer bestimmten Geldmenge kaufen kann.

Der Wert des Geldes ist abhängig vom allgemeinen Preisniveau (Durchschnitt aller Preise) einer Volkswirtschaft:

- Je höher das Preisniveau, desto niedriger ist der Geldwert;
- je niedriger das Preisniveau, desto höher ist der Geldwert.

Man unterscheidet den

- inneren Geldwert (Binnenwert des Geldes) = Kaufkraft des Geldes im Inland,
- äußeren Geldwert (Außenwert des Geldes) = Kaufkraft des inländischen Geldes im Ausland. Der äußere Geldwert wird durch den Wechselkurs des Geldes ausgedrückt.

401 Wie kann der Geldwert gemessen werden?

Die absolute Höhe des Geldwertes bzw. der Kaufkraft kann nicht bestimmt werden. Man ermittelt deshalb die Veränderung der Kaufkraft im Zeitablauf mit Hilfe sogenannter Preisindizes.

Der **Lebenshaltungskostenindex** mißt die Veränderung des Geldwertes anhand der Preise der für die Lebenshaltung wichtigen Güter und Dienstleistungen. Ausgangspunkt ist der sogenannte Warenkorb, der eine große Anzahl Güter und Dienstleistungen des typischen Verbrauchs enthält.

Ausgehend von einem Basisjahr, dessen Preise gleich 100 % gesetzt werden, ermittelt man die prozentuale Veränderung der Preise (und damit auch die Veränderung der Kaufkraft) im Vergleich mit dem Basisjahr für einzelne Warengruppen (z. B. Nahrungs- und Genußmittel, Kleidung, Miete) und für die Lebenshaltung insgesamt. Preisveränderungen werden oft im Vergleich zum Vorjahr ermittelt.

402 Was besagt die Verkehrsgleichung von Irving Fisher?

Die Verkehrsgleichung von Fisher lautet:

$$P = \frac{G \times U}{H}$$

Symbole:

P = allgemeines Preisniveau, d. h. der Durchschnitt aller Preise.
G = Geldmenge (Bar- und Buchgeld).
U = Umlaufgeschwindigkeit des Geldes, d. h. die Häufigkeit, mit der das Geld innerhalb einer bestimmten Zeit für Käufe verwendet wird (eine größere Umlaufgeschwindigkeit wirkt wie eine größere Geldmenge, eine kleinere Umlaufgeschwindigkeit wie eine kleinere Geldmenge).
H = volkswirtschaftlicher Güterumsatz in einer bestimmten Zeit.

Das Preisniveau und der Geldwert ändern sich nicht, wenn das Verhältnis zwischen Geldmenge (und Umlaufgeschwindigkeit) und Handelsvolumen gleich bleibt.

Das Preisniveau steigt (bei Vollbeschäftigung),
- wenn G und/oder U wachsen (bei konstantem H),
- wenn H sinkt (bei konstantem G und U).

Das Preisniveau sinkt bei umgekehrten Veränderungen.

403 Welche Geldwertänderungen unterscheidet man?
*

Man unterscheidet:
- **Inflation** (Geldaufblähung): eine Überversorgung der Wirtschaft mit Geld, d. h., die gesamtwirtschaftliche Nachfrage nach Gütern übersteigt das gesamtwirtschaftliche Angebot;
- **Deflation** (Geldschrumpfung): eine Unterversorgung der Wirtschaft mit Geld, d. h., das gesamtwirtschaftliche Angebot von Gütern übersteigt die gesamtwirtschaftliche Nachfrage.

404 Welche Faktoren verursachen eine Inflation?
*

Ursachen einer Inflation können sein:

- übermäßige Geldschöpfung durch die Zentralnotenbank (z. B. zur Finanzierung öffentlicher Schulden),
- überhöhte Kreditgewährung der Banken an die private Wirtschaft,
- überzogene Lohnpolitik der Gewerkschaften bzw. überhöhte Preisforderungen der Unternehmer (Lohn-Preis-Spirale),
- anhaltend hohe Zahlungsbilanzüberschüsse.

405 Welche Folgen hat eine Inflation?
*

Folgen einer Inflation sind:

- Preissteigerungen, d.h. Geldentwertung bzw. Kaufkraftschwund;
- erhöhte Produktion wegen der hohen Scheingewinne und der starken Nachfrage;
- steigende Umlaufgeschwindigkeit des Geldes (weitere Preissteigerungen);
- das Vertrauen in das Geld schwindet;
- Flucht in Sachwerte (Rückkehr zum Naturaltausch);
- Sparguthaben werden abgehoben, rückläufige Kapitalbildung;
- Nachteile für Gläubiger, Vorteile für Schuldner.

406 Unterscheiden Sie schleichende und galoppierende Inflation!

Bei einer **schleichenden Inflation** (inflatorische Tendenz) steigen die Preise langsam, fast unmerklich.

Bei einer **galoppierenden Inflation** steigen die Preise äußerst schnell und ins Unermeßliche; die Geldmenge erhöht sich rasend. In diesem Fall bleibt dem Staat nur die Möglichkeit, das überflüssige Geld (den Kaufkraftüberhang) durch eine Währungsreform zu beseitigen. Das alte Geld wird ungültig und durch neues ersetzt, dessen Menge dem Güterangebot entspricht.

407 Was bedeutet importierte Inflation?
*

Bei der **importierten Inflation** fließen durch ständig zu hohe Exporte (Zahlungsbilanzüberschüsse) ausländische Zahlungsmittel ins Inland und vermehren entsprechend die Geldmenge; dies führt zu inflatorischen Tendenzen.

408 Was ist Stagflation?
*

Stagflation ist Stillstand des realen Wirtschaftswachstums (Stagnation) bei gleichzeitiger Geldentwertung (Inflation).

Die Stagflation ist schwer zu bekämpfen, weil

- Maßnahmen zur Überwindung der Stagnation die Inflation verstärken,
- Maßnahmen zur Überwindung der Inflation die Stagnation verschärfen.

409 Welche Ursachen hat die Deflation?

Ursachen einer Deflation können sein:
- Rückgang der Nachfrage,
- Horten von Geld,
- übermäßige Besteuerung,
- Kreditscheu der Unternehmer,
- zu teure Kredite,
- Rückgang der Auslandsnachfrage.

410 Welche Folgen hat eine Deflation?

Folgen einer Deflation sind:
- Sinken der Preise (Geldwertsteigerung),
- Verminderung der Gewinne,
- Produktionseinschränkungen,
- Rückgang der Investitionen,
- Rückgang der Beschäftigung (Arbeitslosigkeit),
- Konkurse,
- Vorteile für Gläubiger, Nachteile für Schuldner.

3.2 Währung

411 Was ist Währung?
*

Unter **Währung** versteht man
- die gesetzliche Ordnung des Geldwesens eines Staates, das Geld ist gesetzliches Zahlungsmittel (z. B. DM-, Franc-Dollar-Währung);
- die stoffliche Beschaffenheit des Geldes (z. B. Gold-, Silber-, Papierwährung).

Jede Währung hat einen
- Außenwert (Valuta), der durch den Wechselkurs bestimmt wird,
- Innenwert, der als Kaufkraft bezeichnet wird.

412 Was versteht man unter Wechselkurs?
*

Der **Wechselkurs** ist der Preis für ausländische Währungseinheiten, ausgedrückt in inländischer Währung.

Wechselkurse können
- das Ergebnis von Angebot und Nachfrage sein (freie bzw. flexible Wechselkurse),
- staatlich festgelegt sein (feste Wechselkurse).

413 Beschreiben Sie feste Wechselkurse!

In einem System **fester Wechselkurse** wird der Kurs staatlich festgelegt, wobei geringe Abweichungen nach oben und unten zulässig sind. Überschreitet der Kurs eine vorher festgelegte Grenze (Interventionspunkt), muß die Zentralbank des betroffenen Landes eingreifen. Reichen die Maßnahmen der Zentralbank nicht aus, kann es zur Auf- bzw. Abwertung der betreffenden Währung kommen.

414 Was ist Aufwertung?
*

Aufwertung ist eine Erhöhung des Außenwertes einer Währung; der Wechselkurs sinkt. Nach erfolgter Aufwertung erhält man für die aufgewertete Währung (z. B. DM) mehr Währungseinheiten einer anderen Währung (z. B. $) bzw. man erhält für die fremde Währung ($) weniger Einheiten der aufgewerteten Währung (DM).

Beispiel:

Vor der Aufwertung erhält man für 1,— $ 3,— DM; für einen Artikel, der in der Bundesrepublik Deutschland 900,— DM kostet, müssen 300,— $ bezahlt werden.

Nach erfolgter Aufwertung der DM erhält man z. B. für 1,— $ 2,50 DM; für den Artikel zu 900,— DM müssen jetzt 360,— $ bezahlt werden.

415 Nennen Sie Gründe und Folgen der Aufwertung!

Hauptgründe für eine **Aufwertung** sind:

- ein allzu starker Export des betreffenden Landes (dessen Währung im Vergleich zu den übrigen Staaten unterbewertet ist),
- die damit verbundene importierte Inflation,
- wirtschaftlicher und politischer Druck der benachteiligten Staaten.

Folgen sind vor allem:

- verminderter Export, da die einheimische Ware im Ausland teurer wird;
- verstärkter Import, da die ausländische Ware billiger wird.

416 Was ist Abwertung?
*

Abwertung ist eine Senkung des Außenwertes einer Währung; der Wechselkurs steigt. Nach erfolgter Abwertung erhält man für die abgewertete Währung (z. B. £) weniger Währungseinheiten einer anderen Währung (z. B. DM), bzw. man erhält für die fremde Währung (DM) mehr Einheiten der abgewerteten Währung (£).

Beispiel:

Vor der Abwertung erhält man für 1,— £ 6,— DM; für einen Artikel, der in England 200,— £ kostet, müssen 1 200,— DM bezahlt werden.

Nach erfolgter Abwertung des £ erhält man z. B. für 1,— £ 4,— DM; für den Artikel zu 200,— £ müssen jetzt 800,— DM bezahlt werden.

417 Nennen Sie Gründe und Folgen der Abwertung!

Hauptgründe für eine **Abwertung** sind:

- Verbesserung der eigenen Wettbewerbsfähigkeit auf dem internationalen Markt,
- wirtschaftlicher und politischer Druck von Arbeitgebern und Gewerkschaften.

Folgen sind:

- Exportsteigerung,
- Importrückgang,
- evtl. Gegenmaßnahmen der betroffenen Länder (ebenfalls Abwertung).

418 Was ist die Zahlungsbilanz?
*

Die **Zahlungsbilanz** ist die systematische Aufstellung aller wirtschaftlichen Transaktionen zwischen dem Inland und dem Ausland innerhalb eines Jahres. Sie gibt Auskunft über die internationalen Verflechtungen einer Volkswirtschaft und liefert den Wirtschaftspolitikern Zahlenwerte für die Konjunkturpolitik.

Die Zahlungsbilanz umfaßt vor allem den

- Warenverkehr (Handelsbilanz),
- Dienstleistungsverkehr (Dienstleistungsbilanz),
- Kapitalverkehr (Kapitalverkehrsbilanz),
- Devisenverkehr (Devisenbilanz).

419 Unterscheiden Sie aktive und passive Zahlungsbilanz!

Formal ist die Zahlungsbilanz – wie jede Bilanz – stets ausgeglichen. Dennoch unterscheidet man zwei Fälle:

- **aktive Zahlungsbilanz** (Zahlungsbilanzüberschuß), d.h., die Zahlungseingänge aus dem Ausland übersteigen die Zahlungsausgänge und führen zu Devisenzuflüssen (es wird mehr exportiert als importiert, und dies beinhaltet eine inflatorische Gefahr). Maßnahmen zur Beseitigung des Überschusses sind z.B. Aufwertung der einheimischen Währung (s. Frage 414 f.), Senkung der Importzölle;
- **passive Zahlungsbilanz** (Zahlungsbilanzdefizit), d.h., die Zahlungsausgänge an das Ausland übersteigen die Zahlungseingänge und führen zu Devisenabflüssen (es wird mehr importiert als exportiert, und dies bewirkt eine Verschuldung gegenüber dem Ausland). Maßnahmen zur Verringerung des Defizits sind z.B. Abwertung (s. Frage 416 f.), Schutzzölle, Beschränkung des Imports, Ausfuhrförderungsmaßnahmen.

4 Banken, Börsen und Wertpapiere

4.1 Banken

420 Welche Banken gibt es?

Man unterscheidet folgende **Banken:**

1. Zentralnotenbank (Deutsche Bundesbank mit 11 Landeszentralbanken);
2. Universalbanken (Geschäftsbanken, sie führen alle Bankgeschäfte aus),
   - Privatbanken, z.B. Deutsche Bank, Dresdner Bank,
   - Genossenschaftsbanken, z.B. Volksbanken, Raiffeisenkassen,
   - öffentlich-rechtliche Banken (Sparkassen);
3. Spezialbanken (führen nur besondere Bankgeschäfte aus), z.B. Hypothekenbanken.

421 Welche Aufgaben hat die Deutsche Bundesbank?

Die **Deutsche Bundesbank** hat vor allem folgende Aufgaben:

- Versorgung der Volkswirtschaft mit Geld und damit Regelung des Geldumlaufs (Notenprivileg, d.h., die Bundesbank hat das alleinige Recht der Notenausgabe);

- Stabilhaltung der Währung („Hüterin der Währung“);
- monetäre Maßnahmen im Rahmen der Konjunkturpolitik (s. Frage 448);
- Überwachung der Geschäftsbanken;
- Verwaltung der Mindestreserven der Geschäftsbanken („Bank der Banken“);
- Erleichterung des Zahlungsverkehrs.

422 Welche Aufgaben haben die Geschäftsbanken?

Bankgeschäfte können eingeteilt werden in:

- Aktivgeschäfte, z. B. die Gewährung von Gelddarlehen und Akzeptkrediten (Kreditgeschäfte);
- Passivgeschäfte, z. B. die Annahme fremder Gelder als Einlagen, deren Verwaltung und Verzinsung (Einlagengeschäfte);
- Dienstleistungsgeschäfte, z. B. die Durchführung des bargeldlosen Zahlungsverkehrs, des Sorten- und Devisenverkehrs (Zahlungsgeschäfte); Kauf, Verkauf, Verwahrung und Verwaltung von Wertpapieren (Wertpapiergeschäfte); Beratung in Finanzfragen und in Fragen der Geldanlage.

4.2 Börsen

423 Was versteht man unter der Börse?

Börsen sind Märkte, an denen Vollkaufleute regelmäßig und zu bestimmten Zeiten zusammenkommen, um Kaufverträge über vertretbare Sachen oder Wertpapiere abzuschließen, z. B. Devisenbörsen, Waren- oder Produktenbörsen, Wertpapierbörsen (Effektenbörsen).

424 Welche wirtschaftliche Bedeutung hat die Wertpapierbörse?

Die Bedeutung der **Wertpapierbörse** besteht in

- der Beschaffung von langfristig verfügbarem Kapital für die Unternehmen,
- der Markttransparenz durch die Veröffentlichung der jeweils geltenden Kurse,
- der Beurteilungsmöglichkeit von Unternehmen durch die Kursentwicklung der Wertpapiere,
- der Beurteilungsmöglichkeit der Wirtschaftslage (die Börse gilt als „Stimmungsbarometer“ der Gesamtwirtschaft).

4.3 Wertpapiere

425 Welche Effekten unterscheidet man (Überblick)?
*

Effekten als vertretbare Kapitalwertpapiere (innerhalb ihrer Art sind die Wertpapiere völlig gleich) werden an der Börse gehandelt. Sie gewähren Teilhaber- oder Gläubigerrechte.

Man unterscheidet:

1. festverzinsliche Wertpapiere (Gläubigerpapiere, Rentenpapiere),
   - Anleihen des Bundes, der Länder, der sonstigen öffentlichen Körperschaften,

- Kommunalobligationen,
- Industrieobligationen,
- Pfandbriefe;

2. Wertpapiere mit schwankendem Ertrag (Teilhaberpapiere, Anteilpapiere, Dividendenpapiere),
   - Aktien,

3. Sonderformen,
   - Investmentzertifikate,
   - Wandelschuldverschreibungen.

426 Was ist eine öffentliche Anleihe?

Anleihen des Bundes, der Länder, der Gemeinden und anderer öffentlicher Körperschaften dienen der langfristigen Finanzierung großer öffentlicher Aufgaben.

427 Was ist eine Obligation?

Obligationen (Schuldverschreibungen) sind Urkunden, die ein Forderungsrecht verbriefen. Durch die Ausgabe von Obligationen beschaffen sich Industriebetriebe **(Industrieobligationen)** und Gemeinden **(Kommunalobligationen)** – letztere über öffentlich-rechtliche Kreditinstitute – Fremdkapital, um langfristige Investitionen bzw. öffentliche Aufgaben zu finanzieren.

428 Was ist ein Pfandbrief?

Pfandbriefe sind langfristige Gläubigerpapiere, die von Hypothekenbanken ausgegeben werden. Aus dem Erlös dieser Papiere gewähren diese Banken Kredite für Bauvorhaben gegen erstrangige Hypotheken.

429 Nennen Sie Merkmale der festverzinslichen Wertpapiere!

Festverzinsliche Wertpapiere haben folgende Merkmale:

- Der Eigentümer ist Gläubiger,
- Verzinsung zu einem festen Zinssatz,
- geringe Kursschwankungen (Nennwert oft höher als Kurswert),
- lange Laufzeit,
- geringes Risiko für Anleger durch hohe Sicherheit,
- am Ende der Laufzeit wird die Auszahlung des Nennwertes garantiert.

430 Was ist eine Aktie?
*

Aktien sind Urkunden, die ein Anteilrecht an Aktiengesellschaften gewähren. Der Umfang der Beteiligung zeigt sich in dem auf der Aktie genannten Betrag, dem **Nennwert.** Der Mindestnennwert einer Aktie beträgt 50,— DM. Der Preis, zu dem das Papier an der Börse gehandelt wird, ist der **Kurswert.**

431 Welche Aktienarten gibt es?
*

Man unterscheidet:

1. nach der Übertragungsweise,
   - **Inhaberaktien:** Eigentumsübertragung durch Einigung und Übergabe (häufigste Form der Aktie);
   - **Namensaktien:** lauten auf den Namen des Aktionärs, Übertragung durch Indossament und Übergabe bei gleichzeitiger Umschreibung im Aktienbuch der Unternehmung;
   - **vinkulierte Namensaktien:** Übertragung wie Namensaktien, jedoch nur mit Zustimmung der Gesellschaft;
2. nach den mit dem Eigentum verbundenen Rechten,
   - **Stammaktien** (gewöhnliche Aktien): gewähren die üblichen Rechte einer Aktie;
   - **Vorzugsaktien:** gewähren dem Aktionär bestimmte Sonderrechte, z. B. höhere Dividende;
3. nach dem Zeitpunkt der Ausgabe,
   - **alte Aktien:** Ausgabe vor einer Kapitalerhöhung;
   - **junge Aktien:** Ausgabe bei einer Kapitalerhöhung.

432 Nennen Sie Merkmale der Dividendenpapiere!

Dividendenpapiere haben folgende Merkmale:

- Der Eigentümer ist Teilhaber an dem Unternehmen mit allen Teilhaberrechten, z. B. Stimmrecht;
- Recht auf Beteiligung am Unternehmenserfolg (Dividende);
- Höhe der Dividende schwankt;
- Kurse schwanken oft stärker als bei Gläubigerpapieren (Kurswert meist höher als Nennwert);
- hohes Risiko für Eigentümer bei schlechter Ertragslage;
- Chance für Kursgewinne bei guter Geschäftslage.

433 Was sind Investmentzertifikate?

Investmentzertifikate sind Anteilscheine an einem Wertpapierfonds einer Kapitalanlagegesellschaft (Investmentgesellschaft). Vom Eigenkapital der Gesellschaft und vom Geld der Anleger werden Wertpapiere (festverzinsliche Wertpapiere, Dividendenpapiere oder beide Arten der unterschiedlichsten Branchen und Unternehmen) gekauft. Das Risiko für den Anleger wird dadurch vermindert, der Gewinnanteil schwankt kaum. Investmentzertifikate lauten auf bestimmte Anteile am Fonds, sie haben keinen Nennwert.

434 Was ist eine Wandelschuldverschreibung?

Eine **Wandelschuldverschreibung** ist eine Schuldverschreibung (Obligation) einer Aktiengesellschaft, die nach einer bestimmten Zeit in eine Aktie umgewandelt werden kann.

5 Konjunkturen und Konjunkturpolitik

5.1 Wirtschaftsschwankungen

435 Nennen Sie Gründe für Wirtschaftsschwankungen!

Die volkswirtschaftlichen Güter- und Geldströme verlaufen nicht harmonisch, sondern sind ständig Veränderungen unterworfen; diese werden als Wirtschaftsschwankungen bezeichnet.

Hauptgründe für **Wirtschaftsschwankungen** sind:

- Veränderungen der Nachfrage,
- Veränderungen des Angebots,
- Maßnahmen des Staates (Fiskalpolitik),
- Veränderungen des Außenhandels.

436 Was sind saisonale Schwankungen?
*

Saisonale Schwankungen

- sind jahreszeitlich bedingte Nachfrageveränderungen (z. B. Speiseeis im Sommer, Skier im Winter),
- betreffen nur wenige Wirtschaftszweige,
- sind vorhersehbar, und die Unternehmer können sich darauf einstellen.

437 Was sind strukturelle Schwankungen?
*

Strukturelle Schwankungen

- sind bedingt durch tiefgreifende Nachfrageänderungen (z. B. Kohlekrise);
- sind nicht vorübergehend, sondern von Dauer;
- betreffen nur wenige Wirtschaftszweige;
- erfordern langwierige Anpassungsprozesse;
- führen möglicherweise zu schweren Strukturkrisen (Auflösung zahlreicher Betriebe der betroffenen Branche).

438 Was sind konjunkturelle Schwankungen?
*

Konjunkturelle Schwankungen

- sind periodische (wiederkehrende) Schwankungen,
- können mehrere Jahre umfassen,
- sind nicht so regelmäßig wie die saisonalen Schwankungen,
- sind nicht vorhersehbar,
- betreffen die gesamte Wirtschaft,
- können zu schweren volkswirtschaftlichen Krisen führen.

439 Was ist der Konjunkturzyklus?
*

Die **Konjunkturschwankungen** lassen sich in Teilabschnitte, die sog. Konjunkturphasen zerlegen, die stets in gleicher Reihenfolge auftreten:

- Hochkonjunktur (I),
- Rezession (II),
- Depression (III),
- Aufschwung (IV).

Die vier Phasen bezeichnet man als **Konjunkturzyklus.**

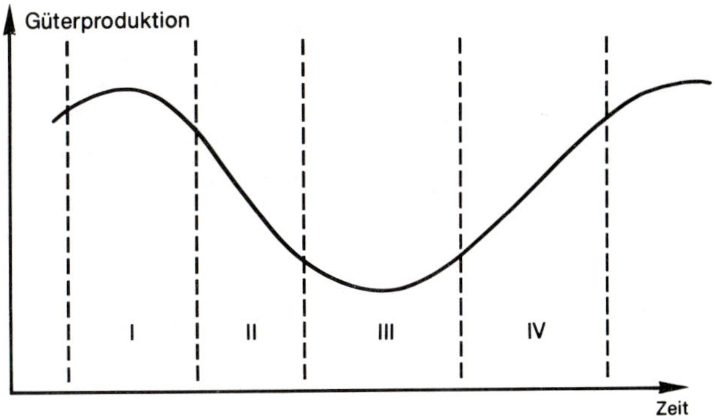

440 Wodurch ist die Hochkonjunktur gekennzeichnet?
*

Die Phase der **Hochkonjunktur** ist gekennzeichnet durch
- hohe Nachfrage nach Gütern,
- steigende Güterpreise,
- steigende Löhne (Lohn-Preis-Spirale),
- hohes Zinsniveau,
- volle Auslastung der Produktionskapazitäten,
- hohe Nachfrage nach Arbeitskräften, Maschinen und Rohstoffen.

441 Wodurch ist die Rezession gekennzeichnet?
*

Die Phase der **Rezession** (Abschwung) ist gekennzeichnet durch
- Abschwächung der Hochkonjunktur,
- pessimistische Beurteilung der Wirtschaftslage,
- Rückgang der Nachfrage,
- überfüllte Läger,
- Abbau von Überstunden und Kurzarbeit,
- fehlende Investitionen,
- teilweise Stillegung von Produktionsanlagen,
- stagnierende bzw. sinkende Preise, Löhne und Zinsen.

442 Wodurch ist die Depression gekennzeichnet?
*

Die Rezession führt zur **Depression** (Tiefstand); diese ist gekennzeichnet durch
- anhaltenden Rückgang der Nachfrage,
- geringe Gewinnerwartung der Unternehmer und Investitionsunlust,
- geringe Produktion,
- vermehrte Auflösung von Betrieben,
- Arbeitslosigkeit,
- niedriges Preis- und Lohnniveau,
- weitverbreiteten Pessimismus.

443 Wodurch ist der Aufschwung gekennzeichnet?
*

An die Depression schließt sich die Phase des **Aufschwungs** an; diese ist bestimmt durch

- optimistische Erwartungen der Nachfrager und Anbieter,
- Steigerung der Nachfrage,
- erhöhte Produktion,
- Rückgang der Arbeitslosigkeit,
- wachsende Investitionsbereitschaft der Unternehmer,
- steigende Preise, Löhne und Zinsen.

444 Unterscheiden Sie die Beschäftigungslagen!
*

Entsprechend dem Verhältnis der Zahl der Erwerbsfähigen und Erwerbswilligen in einer Volkswirtschaft zur Zahl der tatsächlich Beschäftigten unterscheidet man:

- **Vollbeschäftigung,** d.h., nur wenige arbeitsfähige und arbeitswillige Erwerbspersonen sind arbeitslos;
- **Unterbeschäftigung** (Arbeitslosigkeit), d.h., arbeitsfähige und arbeitswillige Personen finden keinen Arbeitsplatz;
- **Überbeschäftigung,** d.h., die Zahl der Arbeitslosen sinkt auf ein Minimum und freie Arbeitsplätze können nicht besetzt werden.

445 Welche Arten der Arbeitslosigkeit gibt es?
*

Die Arbeitslosigkeit wird unterschieden in

- **saisonale Arbeitslosigkeit:** Sie ist jahreszeitlich bedingt (z.B. im Baugewerbe);
- **friktionelle Arbeitslosigkeit:** Sie liegt vor, wenn Arbeitnehmer einen Arbeitsplatz aufgeben mußten (z.B. bei Betriebsauflösung) und kurzfristig noch kein weiteres Arbeitsverhältnis eingegangen sind;
- **strukturelle Arbeitslosigkeit:** Sie umfaßt bestimmte Bereiche, und es bedarf enormer Anstrengungen zu ihrer Überwindung (z.B. Krisen im Bergbau);
- **konjunkturelle Arbeitslosigkeit:** Sie geht einher mit dem konjunkturellen Abschwung und kann in der Depressionsphase zur Massenarbeitslosigkeit führen;
- **technologische Arbeitslosigkeit:** Sie wird verursacht durch Automation und Rationalisierung.

446 Was besagt die Arbeitslosenquote?

Die **Arbeitslosenquote** ist ein Maßstab für die Beschäftigungslage auf dem Arbeitsmarkt und berechnet sich wie folgt:

$$\text{Arbeitslosenquote} = \frac{\text{Zahl der Arbeitslosen} \cdot 100}{\text{Zahl der abhängigen Erwerbspersonen}^{1}}$$

Ein weiterer Maßstab ist die (absolute) Zahl der offenen Stellen in einer Volkswirtschaft oder in einem Teilbereich.

1 Beamte, Angestellte und Arbeiter sowie Arbeitslose

5.2 Konjunkturpolitik

447 Welche Ziele verfolgt die Konjunkturpolitk?
*

Ziele der staatlichen Wirtschaftspolitik und insbesondere der **Konjunkturpolitik** sind:

- Vollbeschäftigung (oder zumindest hoher Beschäftigungsstand),
- Stabilität des Preisniveaus,
- außenwirtschaftliches Gleichgewicht,
- angemessenes und stetiges Wirtschaftswachstum.

Man spricht hierbei auch vom **magischen Viereck.** Magisch deshalb, weil nicht alle Ziele gleichzeitig erreicht werden können (Vollbeschäftigung führt z.B. zur Erhöhung des Preisniveaus).

448 Nennen Sie die geldpolitischen Maßnahmen der Bundesbank!
*

Zur Sicherung der Geldwertstabilität – als ihr oberstes Ziel – und zur Unterstützung der staatlichen Konjunkturpolitik kann die Deutsche Bundesbank folgende **geldpolitische (monetäre) Maßnahmen** ergreifen:

- Diskontpolitik,
- Politik der Rediskontkontingente,
- Lombardpolitik,
- Mindestreservepolitik,
- Offenmarktpolitik.

Alle Maßnahmen verfolgen das gleiche Ziel:

- Einengung des Liquiditäts- und Kreditspielraums der Geschäftsbanken (und damit der gesamten Wirtschaft) bei zu schnellem Wirtschaftsaufschwung (Konjunkturüberhitzung),
- Ausweitung der Geldmenge und damit des Liquiditäts- und Kreditspielraums der Geschäftsbanken bei Konjunkturrückgängen.

Über die Geldmenge wird letztlich die Nachfrage nach Gütern und Dienstleistungen bestimmt.

449 Was ist Diskontpolitik?
*

Durch Veränderung des Diskontsatzes versucht die Bundesbank, das Zinsniveau und das Kreditvolumen zu beeinflussen **(Diskontpolitik).**

Der Diskontsatz (Rediskontsatz, Bankrate) ist der Zins, den die Bundesbank den Geschäftsbanken bei der Rediskontierung von Wechseln berechnet. Bei niedrigen Diskontsätzen ist das Geld „relativ billig“, und bei hohen Sätzen ist die Geldbeschaffung „relativ teuer“.

450 Was bewirkt eine Diskontsatzerhöhung?

Eine **Diskontsatzerhöhung** (Politik des knappen Geldes) wird meist zur Dämpfung der Konjunktur und Stabilisierung des Geldwertes durchgeführt. Sie bewirkt:

- Rückgang der Diskontierung von Wechseln,
- Ansteigen des gesamten Zinsniveaus,
- Rückgang der Kreditaufnahme,
- Verminderung des Geldumlaufs,
- Verteuerung der Investitionen,

- Nachfragerückgang,
- Dämpfung der Konjunktur,
- Geldwertstabilisierung.

451 Was bewirkt eine Diskontsatzsenkung?

Eine **Diskontsatzsenkung** (Politik des billigen Geldes) bewirkt:

- Ausweitung der Wechselziehungen,
- Sinken des gesamten Zinsniveaus,
- verstärkte Kreditaufnahme,
- Erhöhung des Geldumlaufs,
- verstärkte Investitionstätigkeit,
- Nachfragesteigerung,
- Ankurbelung der Konjunktur.

452 Was sind Rediskontkontingente?
*

Die Notenbank legt für jede Geschäftsbank fest, bis zu welcher Höhe (**Rediskontkontingente**) sie Wechsel rediskontiert.

Eine Erhöhung der Rediskontkontingente geht meistens mit einer Diskontsatzsenkung einher, da sie die angestrebte Ausweitung des Geldvolumens und damit des Kreditvolumens begünstigt.

Eine Senkung der Rediskontkontingente verleiht der Politik des knappen Geldes Nachdruck.

453 Was ist Lombardpolitik?
*

Der Lombardsatz ist der Zinssatz der Deutschen Bundesbank für die von ihr gewährten Kredite gegen Pfand (Lombardkredit). In der Regel liegt der Lombardsatz 1 % bis 2 % über dem Diskontsatz. Der Lombardsatz wird stets der Diskontsatzänderung angepaßt **(Lombardpolitik)**.

454 Was ist Mindestreservepolitik?
*

Die Zentralnotenbank verlangt von den Geschäftsbanken, daß diese in Höhe eines bestimmten prozentualen Satzes ihrer Verbindlichkeiten unverzinsliche Guthaben **(Mindestreserven)** bei ihr unterhalten.

Eine **Senkung der Mindestreservesätze**

- bewirkt eine Erhöhung der umlaufenden Geldmenge,
- bewirkt eine Erhöhung des Kreditspielraums der Banken,
- unterstützt eine Politik des billigen Geldes (mit dem Ziel der Konjunkturbelebung).

Eine **Erhöhung der Mindestreservesätze** führt zur

- Einengung der Liquidität und des Kreditspielraums der Banken,
- Kreditverteuerung,
- Dämpfung der Konjunktur.

455 Was ist Offenmarktpolitik?
*

Ein weiteres Mittel der Bundesbank zur Beeinflussung des Geldumlaufs ist die **Offenmarktpolitik.** Die Bundesbank tritt dabei am „offenen Markt" (Geld- oder Kapitalmarkt) als Käufer oder Verkäufer von Wertpapieren auf.

Der Kauf von Wertpapieren durch die Zentralbank
- erhöht die Geldmenge,

- verbilligt Kredite.

Der Verkauf von Wertpapieren
- vermindert die Geldmenge,
- verteuert Kredite.

Die Wirkung der Offenmarktpolitik ist begrenzt, da die Geschäftsbanken nicht zum Kauf oder Verkauf von Wertpapieren gezwungen werden können.

456 Nennen Sie die Grenzen der Geldpolitik!

Dem erfolgreichen Einsatz der geldpolitischen Maßnahmen der Bundesbank stehen folgende Überlegungen gegenüber:

- Die Einschätzung der wirtschaftlichen Entwicklung ist äußerst schwierig,
- die Auswirkungen der Geldpolitik sind nicht genau vorhersehbar,
- oft erfolgen die Maßnahmen zu spät,
- die Maßnahmen im Inland können durch das Ausland zunichte gemacht werden (z.B. bei einem großen Zinsgefälle zum Ausland).

457 Was ist Fiskalpolitik?
*

Die **Fiskalpolitik** (Finanzpolitik) umfaßt alle Maßnahmen, die der Staat ergreifen kann, um mit Hilfe von Veränderungen der Staatseinnahmen oder Staatsausgaben bestimmte wirtschaftspolitische Ziele zu erreichen.

Zu den wichtigsten Maßnahmen gehören:

- Steuerpolitik (insbesondere Einkommen- und Körperschaftsteuer),
- öffentliche Verschuldung (Ausmaß der Kreditaufnahme durch Bund, Länder und Kommunen),
- Subventionen,
- Beeinflussung des privaten Konsums (Konsumanreize oder Konsumbesteuerung),
- Beeinflussung des Sparens (Sparprämien),
- Außenhandelspolitik (Zölle, Wechselkurse).

458 Wie kann eine Hochkonjunktur abgeschwächt werden?

Eine **Hochkonjunktur** wird abgeschwächt durch

1. monetäre Maßnahmen,
   - Diskontsatzerhöhung,
   - Kürzen der Rediskontkontingente,
   - Lombardsatzerhöhung,
   - Erhöhung der Mindestreservesätze,
   - Verkauf von Wertpapieren am offenen Markt;
2. fiskalpolitische Maßnahmen,
   - Steuererhöhungen,
   - Bildung von Konjunkturrücklagen,
   - Verringerung der Staatsausgaben,
   - Konsumbesteuerung,
   - Sparanreize,
   - Exportdrosselung.

459 Wie kann eine Rezession überwunden werden?

Zur Überwindung einer **Rezession** werden die monetären und fiskalpolitischen Maßnahmen in umgekehrter Richtung wie zur Abschwächung der Hochkonjunktur eingesetzt.

6 Steuern

460 Was sind Steuern?

Steuern sind einmalige oder laufende Geldleistungen, die von öffentlichen Gemeinwesen (Bund, Länder, Gemeinden) ohne unmittelbare Gegenleistung erhoben werden. Sie dienen zur Finanzierung der Aufgaben der öffentlichen Haushalte (s. Frage 18).

461 Welche Steuerarten unterscheidet man (Überblick)?

In der Bundesrepublik Deutschland gibt es ungefähr 50 verschiedene **Steuerarten.** Sie können eingeteilt werden

1. nach dem Steuergegenstand,
   - Besitzsteuern, z.B. Einkommensteuer, Lohnsteuer, Körperschaftsteuer, Grundsteuer;
   - Verkehrsteuern, z.B. Umsatzsteuer;
   - Verbrauchsteuern und Zölle, z.B. Mineralölsteuer;
2. nach der Finanzhoheit,
   - Bundessteuern, z.B. Mineralölsteuer;
   - Landessteuern, z.B. Kraftfahrzeugsteuer;
   - Gemeindesteuern, z.B. Gewerbesteuer;
   - Kirchensteuer;
3. nach der Erhebungsart,
   - direkte Steuern (nicht abwälzbare Steuern), z.B. Einkommensteuer;
   - indirekte Steuern (abwälzbare Steuern), z.B. Umsatzsteuer, alle Verbrauchsteuern.

462 Welche Einkunftsarten unterliegen der Einkommensteuer?

Der **Einkommensteuer** unterliegen:

- Einkünfte aus Land- und Forstwirtschaft,
- Einkünfte aus Gewerbebetrieb,
- Einkünfte aus selbständiger Arbeit,
- Einkünfte aus nichtselbständiger Arbeit,
- Einkünfte aus Kapitalvermögen,
- Einkünfte aus Vermietung und Verpachtung,
- sonstige Einkünfte.

463 Welche Bedeutung hat der Steuertarif?

Die Steuerpflichtigen (Einkommensteuer) werden nicht in gleicher Höhe besteuert. Berücksichtigt werden:

- Familienstand, z.B. günstigere Besteuerung (Splitting-Tabelle) für Ehegatten,
- Alter, z.B. Steuerfreibeträge ab einem bestimmten Lebensalter,
- Höhe des Einkommens, d.h., bestimmte Teile des Einkommens sind steuerfrei; übersteigende Beträge werden bis zu einer bestimmten Einkommensgrenze mit gleichem Steuersatz besteuert (proportionale Zone). Mit dem Überschreiten dieser Grenze wächst der Steuersatz überproportional (Steuerprogression).

7 Sozialprodukt

464 Was ist das Sozialprodukt?
*

Das **Sozialprodukt** entspricht dem Wert aller in einer bestimmten Periode (Rechnungsjahr) produzierten Güter und Dienstleistungen. Um Doppelzählungen zu vermeiden, muß der Wert der Güter abgezogen werden, die bei ihrer Produktion verbraucht wurden (Vorleistungen).

Man unterscheidet verschiedene Arten:

- wird die gesamte Gütermenge mit Marktpreisen bewertet, erhält man das Bruttosozialprodukt zu Marktpreisen;
- zieht man davon die Abschreibungen ab, so kommt man zum Nettosozialprodukt zu Marktpreisen;
- subtrahiert man von dieser Größe die indirekten Steuern (z.B. Umsatzsteuer) und addiert die staatlichen Subventionen, ergibt sich das Nettosozialprodukt zu Faktorkosten.

465 Was ist das Volkseinkommen?
*

Unter dem **Volkseinkommen** versteht man die Summe aller aus der Produktionstätigkeit entstandenen Einkommen einer Volkswirtschaft innerhalb einer bestimmten Periode (Löhne, Gehälter, Unternehmergewinne, Zinsen, Mieten, Pachten).

Diesen Einkommen entsprechen die Kosten für die eingesetzten Produktionsfaktoren.

Daraus folgt:

Volkseinkommen = Nettosozialprodukt zu Faktorkosten.

466 Wie werden Sozialprodukt und Volkseinkommen ermittelt?

Die Ermittlung der volkswirtschaftlichen Gesamtgrößen Sozialprodukt und Volkseinkommen ist Aufgabe der **volkswirtschaftlichen Gesamtrechnung.** Diese unterscheidet drei Methoden:

- Entstehungsrechnung, d.h., das Sozialprodukt wird an dem Ort seiner Entstehung gemessen; es ist die Summe der Beiträge aller produzierenden Wirtschaftsbereiche;
- Verteilungsrechnung, d.h., das Volkseinkommen wird von der Einkommenseite her ermittelt; es ist die Summe der Einkommen aus unselbständiger Arbeit, der Einkommen aus Unternehmertätigkeit und Vermögen;
- Verwendungsrechnung, d.h., das Sozialprodukt ergibt sich als Summe aus privatem Konsum, staatlichem Konsum, Investitionen und Außenbeitrag (Ausfuhr minus Einfuhr).

467 Unterscheiden Sie nominales und reales Wirtschaftswachstum!
*

Wirtschaftswachstum wird gemessen durch den Vergleich der Sozialprodukte verschiedener Jahre.

Wird das Sozialprodukt mit den Preisen des jeweiligen Jahres bewertet, spricht man vom **nominalen Wirtschaftswachstum,** d.h., in der Wachstumsrate sind Preissteigerungen enthalten.

Bewertet man zu Preisen eines bestimmten Basisjahres, ermittelt man das **reale Wirtschaftswachstum.** Da in diesem Fall Preisbewegungen ausgeschaltet sind, ist eine Zunahme des Sozialprodukts nur auf eine Vermehrung der erstellten Güter und Dienstleistungen zurückzuführen.

468 Nennen Sie Bedingungen des Wirtschaftswachstums!

Wirtschaftswachstum ist eine notwendige Voraussetzung für verbesserte Lebensbedingungen. Es wird erreicht durch

- Kapitalbildung, d.h., Neuinvestitionen ermöglichen eine erhöhte Güterproduktion;
- Arbeitsangebot (Bevölkerung und Bevölkerungsstruktur), d.h., die Begrenzung des Arbeitsangebots durch die Zahl der Erwerbstätigen und soziale Bestimmungen kann durch qualitative Verbesserungen (Ausbildung) kompensiert werden;
- technischen Fortschritt, d.h., technisches Wissen muß sich in verbesserten Produktionsverfahren niederschlagen;
- umfangreiche Rohstoffvorkommen (Ressourcen).

469 Welche Aussagefähigkeit besitzt das Sozialprodukt?

Das **Sozialprodukt**

- ist Leistungsmesser für die wirtschaftliche Tätigkeit einer Volkswirtschaft,
- ermöglicht Vergleiche der ökonomischen Aktivität einer Volkswirtschaft während verschiedener Perioden und gibt somit Auskunft über das Wirtschaftswachstum,
- ermöglicht Vergleiche der wirtschaftlichen Leistungsfähigkeit verschiedener Länder mit Hilfe des Sozialproduktes je Einwohner (bzw. des Pro-Kopf-Einkommens) und läßt damit Rückschlüsse auf den Lebensstandard der einzelnen Volkswirtschaften zu,
- gibt Auskunft über die Wirtschaftsstruktur eines Landes.

Rechtliche Fragenkomplexe

1 Grundbegriffe des Rechts

1.1 Rechtsordnung

470 Was versteht man unter der Rechtsordnung eines Staates?

Die **Rechtsordnung** eines Staates umfaßt alle in dem Staat geltenden Rechtsnormen, z. B. Gesetze, Verordnungen, Verwaltungsakte, Entscheidungen der obersten Gerichte.

471 Was ist öffentliches Recht?

Das **öffentliche Recht** regelt die Beziehungen des einzelnen zum Staat und den Körperschaften des öffentlichen Rechts (Über-/Untergeordnetenverhältnis) und die Beziehungen dieser Institutionen zueinander.

Beispiele sind:

- Verfassungsrecht (Grundgesetz),
- Verwaltungsrecht (Verwaltungsgesetze),
- Strafrecht (Strafgesetzbuch),
- Steuerrecht (Steuergesetze),
- Straf- und Zivilprozeßordnung.

472 Was ist privates Recht?

Das **private Recht** regelt die rechtlichen Beziehungen der einzelnen Bürger zueinander nach dem Prinzip der Gleichordnung.

Beispiele sind:

- Bürgerliches Recht (Bürgerliches Gesetzbuch),
- Handelsrecht (Handelsgesetzbuch),
- Gesellschaftsrecht (z. B. Aktiengesetz),
- Wechsel- und Scheckrecht.

473 Unterscheiden Sie Gesetz, Verordnung, Satzung und Gewohnheitsrecht!

Gesetz ist jede verbindliche Anordnung eines Staates, die Rechtsnormen (Gebote oder Verbote) enthält.

Verordnung ist eine von Regierungs- oder Verwaltungsorganen erlassene Vorschrift, d. h., sie kommt im Gegensatz zum Gesetz nicht durch ein förmliches Gesetzgebungsverfahren zustande.

Satzung (Statut) ist

- im öffentlichen Recht eine Zusammenfassung der von einer Körperschaft des öffentlichen Rechts aufgrund ihrer Autonomie erlassenen Rechtsvorschriften (z. B. Satzung einer Universität),
- im privaten Recht der Gesellschaftsvertrag in Vereinen und Kapitalgesellschaften.

Gewohnheitsrecht umfaßt alle ungeschriebenen Regeln, die sich nach langer praktischer Übung als „Recht“ herausgestellt haben.

8 Groh/Schröer ISBN 3-8120-0266-6

1.2 Rechts- und Geschäftsfähigkeit

474 Unterscheiden Sie natürliche und juristische Personen!

Natürliche Personen sind alle Menschen.

Juristische Personen sind Personenvereinigungen (Körperschaften, Vereine) oder Vermögensmassen (Anstalten, Stiftungen) mit eigener Rechtspersönlichkeit.

Man unterscheidet:

- juristische Personen des privaten Rechts, z.B. Kapitalgesellschaften, eingetragene Vereine;
- juristische Personen des öffentlichen Rechts, z.B. Körperschaften des öffentlichen Rechts (Gemeinde, Sparkasse), Anstalten des öffentlichen Rechts (Schule, Krankenhaus).

475 Was bedeutet Rechtsfähigkeit?
*

Rechtsfähigkeit ist die Fähigkeit, Träger von Rechten und Pflichten zu sein.

Die Rechtsfähigkeit des Menschen beginnt mit der Vollendung der Geburt.

Juristische Personen erwerben die Rechtsfähigkeit durch die Eintragung in ein Register bzw. durch gesetzliche Regelung.

476 Was ist Geschäftsfähigkeit?
*

Geschäftsfähigkeit ist die Fähigkeit, Willenserklärungen rechtswirksam abzugeben bzw. entgegenzunehmen.

477 Wer ist geschäftsfähig?
*

Voll geschäftsfähig sind Personen, die das 18. Lebensjahr vollendet haben (Volljährigkeit).

478 Wer ist beschränkt geschäftsfähig?
*

Beschränkt geschäftsfähig sind

- Minderjährige (Personen vom vollendeten 7. bis zum 18. Lebensjahr);
- wegen Geistesschwäche, Verschwendung oder Trunksucht Entmündigte;
- Personen, die unter vorläufige Vormundschaft gestellt sind.

Rechtsgeschäfte beschränkt Geschäftsfähiger bedürfen grundsätzlich der Zustimmung des gesetzlichen Vertreters. Bis zur möglichen nachträglichen Zustimmung (Genehmigung) ist das Rechtsgeschäft schwebend unwirksam.

479 Welche Rechtsgeschäfte darf ein beschränkt Geschäftsfähiger abschließen?
*

Ein beschränkt Geschäftsfähiger darf ohne Zustimmung des gesetzlichen Vertreters Rechtsgeschäfte abschließen,

- die ihm einen rechtlichen Vorteil bringen (z.B. Schenkung),
- die er mit seinem Taschengeld bestreitet,
- die er im Rahmen eines vom gesetzlichen Vertreter erlaubten Arbeitsverhältnisses abschließt (z.B. Kündigung),
- die ein Geschäftsbetrieb mit sich bringt, zu dessen selbständigem Betrieb der Minderjährige ermächtigt ist.

480 Wer ist geschäftsunfähig?
*

Geschäftsunfähig sind

- Kinder (Personen bis zur Vollendung des 7. Lebensjahres),
- dauernd Geisteskranke,
- wegen Geisteskrankheit Entmündigte.

Die Willenserklärung eines Geschäftsunfähigen ist nichtig.

1.3 Gegenstände des Rechtsverkehrs

481 Unterscheiden Sie Sachen und Rechte!

Sachen sind körperliche Gegenstände, z.B. Waren, Gebäude, Grundstücke.

Rechte sind nichtkörperliche Dinge, z.B. Mieten, Lohnforderungen, Patente.

482 Unterscheiden Sie bewegliche und unbewegliche Sachen!

Bewegliche Sachen (Mobilien) sind alle Sachen, die nicht Grundstücke oder Bestandteile von Grundstücken sind.

Unbewegliche Sachen (Immobilien) sind Grundstücke und mit diesen fest verbundene Gegenstände, wie Gebäude.

483 Unterscheiden Sie vertretbare und nicht vertretbare Sachen!

Vertretbare Sachen sind bewegliche Sachen, die nach Zahl, Maß oder Gewicht bestimmt werden können, z.B. Geld, Waren.

Nicht vertretbare Sachen gibt es nur einmal (z.B. die „Mona Lisa“ von Leonardo da Vinci).

1.4 Eigentum und Besitz

484 Was ist Eigentum?
*

Eigentum ist die rechtliche Herrschaft über eine Sache. Der Eigentümer einer Sache kann, soweit nicht das Gesetz oder Rechte Dritter entgegenstehen, beliebig mit der Sache verfahren.

485 Was ist Besitz?
*

Besitz ist die tatsächliche Herrschaft über eine Sache.

Eigentümer und Besitzer einer Sache können

- ein- und dieselbe Person sein (z.B. Wohnen im eigenen Haus),
- verschiedene Personen sein (z.B. Wohnen in einer Mietwohnung).

486 Wie wird Eigentum übertragen?
*

Eigentum an beweglichen Sachen wird übertragen durch

- Einigung beider Parteien, daß das Eigentum übergeht;
- Übergabe der Sache an den Erwerber.

Eigentum an unbeweglichen Sachen wird übertragen durch

- Einigung beider Parteien vor dem Notar, daß das Eigentum übergehen soll (Auflassung);
- Eintragung ins Grundbuch.

487 Was ist gutgläubiger Eigentumserwerb?

Beim **gutgläubigen Eigentumserwerb** wird der Käufer einer Sache auch dann Eigentümer, wenn sie dem Verkäufer nicht gehörte. Voraussetzung ist der gute Glauben des Käufers, d.h., er wußte nicht, daß die Sache dem Verkäufer nicht gehört.

Gutgläubiger Eigentumserwerb ist nicht möglich, wenn die Sache dem Verkäufer

- gestohlen wurde,
- verloren ging,
- auf eine andere Art abhanden kam.

488 Was ist Eigentumsvorbehalt?
*

Unter **Eigentumsvorbehalt** versteht man eine besondere Vereinbarung beim Kaufvertrag, durch die sich der Lieferer das Eigentum an der Sache bis zur vollständigen Bezahlung des Kaufpreises vorbehält; der Käufer ist also zunächst nur Besitzer der Sache.

489 Welche Rechte hat der Verkäufer beim Eigentumsvorbehalt?

Der Verkäufer hat aufgrund des Eigentumsvorbehalts folgende Rechte:

- Rücktritt vom Vertrag und Zurücknahme der Ware bei Zahlungsverzug,
- Anspruch auf Freigabe bei Pfändung durch Gläubiger des Kunden (Drittwiderspruchsklage),
- Aussonderungsrecht bei Vergleich oder Konkurs.

490 Wann erlischt der Eigentumsvorbehalt?

Der Eigentumsvorbehalt erlischt, wenn der Gegenstand vor der Bezahlung

- an einen gutgläubigen Dritten weiterverkauft,
- verbraucht, verarbeitet oder vernichtet,
- mit einer unbeweglichen Sache fest verbunden wird.

1.5 Rechtsgeschäfte

491 Was sind Rechtsgeschäfte?

Rechtsgeschäfte sind Willenserklärungen, die ein Rechtsverhältnis begründen (z.B. Kauf) oder aufheben (z.B. Kündigung).

492 Was besagt der Grundsatz der Vertragsfreiheit?

Vertragsfreiheit bedeutet, daß die Vertragspartner ihre Verträge grundsätzlich nach ihrem Willen gestalten können.

Dieser Grundsatz erfährt jedoch erhebliche Einschränkungen durch Gesetze, wie z.B. BGB, Mieterschutzgesetz, Jugendschutzgesetz und Arbeitsschutzgesetze.

493 Welche Rechtsgeschäfte werden unterschieden?
*

Die **Rechtsgeschäfte** werden unterteilt in

1. einseitige Rechtsgeschäfte (nur eine Willenserklärung ist erforderlich),
   - nicht empfangsbedürftig, d.h., die Willenserklärung wird bereits mit ihrer Abgabe rechtswirksam (z.B. Testament);

- empfangsbedürftig, d.h., der Betroffene muß darüber in Kenntnis gesetzt werden (z.B. Kündigung, Mahnung);

2. mehrseitige Rechtsgeschäfte bzw. Verträge (mindestens zwei Willenserklärungen sind erforderlich),
   - schuldrechtlich (Kauf, Miete),
   - sachenrechtlich (Eigentumsübertragung),
   - familienrechtlich (Ehe),
   - erbrechtlich (Erbvertrag).

494 Welche Formvorschriften gibt es für Rechtsgeschäfte?
*

Grundsätzlich sind Rechtsgeschäfte nicht an besondere **Formvorschriften** gebunden; für einzelne Rechtsgeschäfte hat der Gesetzgeber allerdings gesetzliche Formvorschriften verlangt.

Man unterscheidet:

- **gesetzliche Schriftform,** d.h., die eigenhändige Unterschrift unter den Vertrag wird verlangt (z.B. Bürgschaftserklärungen);
- **öffentliche Beglaubigung,** d.h., der Notar oder die zuständige Behörde beglaubigt die eigenhändige Unterschrift (z.B. Anträge auf Eintragungen ins Grundbuch oder Handelsregister);
- **notarielle Beurkundung,** d.h., der Notar bestätigt sowohl die Echtheit des Inhalts der Erklärung als auch der Unterschrift (z.B. Kauf von Grundstücken);
- **Abschluß vor einer Behörde,** d.h., die Vertragspartner geben ihre Willenserklärungen vor einer Behörde ab, wobei sie gleichzeitig und persönlich anwesend sein müssen (z.B. Eheschließung).

1.6 Nichtigkeit und Anfechtbarkeit von Rechtsgeschäften

495 Unterscheiden Sie Nichtigkeit und Anfechtbarkeit!

Abgeschlossene Rechtsgeschäfte sind nicht immer gültig; sie können sein

- nichtig, d.h., sie sind von vornherein ungültig;
- anfechtbar, d.h., sie haben solange Gültigkeit, bis sie angefochten werden. Mit der Anfechtung werden die Geschäfte nichtig.

496 Welche Rechtsgeschäfte sind nichtig?
*

Nichtig sind:

- Geschäfte von geschäftsunfähigen Personen;
- Geschäfte von beschränkt geschäftsfähigen Personen ohne Zustimmung des gesetzlichen Vertreters;
- Willenserklärungen, die im Zustand der Bewußtlosigkeit oder vorübergehender Störung der Geistestätigkeit abgegeben werden;
- Willenserklärungen, die nur zum Schein abgegeben werden (Scheingeschäfte);
- Willenserklärungen, die offensichtlich nicht erst gemeint sind (Scherzgeschäfte);

- Geschäfte, die gegen zwingende gesetzliche Bestimmungen verstoßen (z. B. Strafgesetz);
- Geschäfte, die gegen gesetzliche Formvorschriften verstoßen (z. B. nicht notariell beurkundeter Grundstückskauf);
- Geschäfte, die gegen die guten Sitten verstoßen (z. B. Wucher).

497 Welche Rechtsgeschäfte sind anfechtbar?
*

Anfechtbar sind:

1. Irrtum (unbewußtes Abweichen von Wille und Erklärung),
   - Irrtum in der Erklärung (z. B. Versprechen, Verschreiben),
   - Irrtum in der Übermittlung (z. B. Fehler durch die Post oder Boten),
   - Irrtum über wesentliche Eigenschaften der Person oder Sache (Verwechslung);
2. arglistige Täuschung (z. B. Fehler einer Ware wird bewußt verschwiegen);
3. widerrechtliche Drohung (z. B. wird die Unterschrift mit Gewalt erzwungen).

498 Welche Anfechtungsfristen gibt es?

Das Gesetz sieht folgende **Anfechtungsfristen** vor:

- Irrtümer müssen unverzüglich (ohne schuldhaftes Zögern) nach Kenntnisnahme angefochten werden,
- bei arglistiger Täuschung und widerrechtlicher Drohung muß binnen Jahresfrist angefochten werden,
- nach dreißig Jahren ist eine Anfechtung ausgeschlossen.

2 Der Kaufvertrag

2.1 Zustandekommen des Kaufvertrages

499 Was ist ein Vertrag?

Der **Vertrag** ist der Abschluß eines Rechtsgeschäftes, bei dem sich der Wille von zwei oder mehreren Personen zu einem Willen, dem Vertragswillen vereinigt.

500 Was ist ein Kaufvertrag?

Bei jedem Kauf eines Gutes wird ein **Kaufvertrag** abgeschlossen. Er ist normalerweise formlos, eine Ausnahme bildet der Grundstückskauf, der notariell beurkundet werden muß.

501 Wie kommt ein Kaufvertrag zustande?
*

Ein Kaufvertrag kommt durch zwei (oder mehrere) übereinstimmende Willenserklärungen zustande. Die zeitlich erste Willenserklärung heißt **Antrag** und die zweite **Annahme**.

Man unterscheidet zwei Fälle:

- Die erste Willenserklärung (Antrag bzw. Angebot) geht vom Verkäufer aus, die Annahme erfolgt durch den Käufer (Bestellung);

- die erste Willenserklärung (Antrag bzw. Bestellung ohne vorausgegangenes Angebot) geht vom Käufer aus, die Annahme erfolgt durch den Verkäufer (Bestellungsannahme).

Der gültig zustande gekommene Kaufvertrag beinhaltet das Verpflichtungs- und das Erfüllungsgeschäft.

502 Welchen Inhalt hat das Verpflichtungsgeschäft?

Beim Abschluß eines Kaufvertrages werden beiden Parteien Pflichten auferlegt **(Verpflichtungsgeschäft),** die erfüllt werden müssen **(Erfüllungsgeschäft).**

1. Der Verkäufer ist verpflichtet
   - die Ware zu liefern und das Eigentum zu verschaffen,
   - das Geld anzunehmen.
2. Der Käufer ist verpflichtet
   - die Ware anzunehmen,
   - den vereinbarten Preis zu bezahlen.

503 Was versteht man unter einem Angebot?
*

Mit dem **Angebot** (Antrag) richtet sich der Anbieter an eine bestimmte Person und erklärt, unter welchen Voraussetzungen er bereit ist, Waren zu liefern oder eine Leistung zu erfüllen. Der Anbieter ist rechtlich an sein Angebot gebunden.

504 Wann entfällt die Bindung an ein Angebot?
*

Die Bindung an ein Angebot entfällt bei

- rechtzeitigem Widerruf (spätestens mit Eintreffen des Angebots beim Kunden),
- abgeänderter Bestellung,
- zu später Bestellung.

Die Bindung wird aufgehoben oder eingeschränkt durch **Freizeichnungsklauseln,** wie

- unverbindlich, ohne Gewähr, ohne Obligo;
- Lieferung vorbehalten;
- Preis vorbehalten;
- solange der Vorrat reicht.

505 Wann muß die Annahme erfolgen?

Damit ein gültiger Vertrag zustande kommt, muß die **Annahme** des vorangegangenen Antrages erfolgen:

- unter Anwesenden (auch beim Telefongespräch) sofort,
- unter Abwesenden, bis unter normalen Umständen (übliche Bearbeitungszeit und Beförderungsdauer) Antwort erteilt sein kann.

506 Beschreiben Sie die Anpreisung!
*

Schaufensterauslagen, Werbemaßnahmen in Funk und Fernsehen u.a. sind **Anpreisungen.** Sie stellen eine Aufforderung an die Allgemeinheit zum Kauf dar; sie sind keine Angebote und sind rechtlich unverbindlich.

507 Beschreiben Sie die Anfrage!
*

Durch die **Anfrage** erkundigt sich der Kunde, zu welchen Preisen, Liefer- und Zahlungsbedingungen ein Lieferant Waren liefert. Die Anfrage ist formfrei und rechtlich unverbindlich.

508 | Welche Bedeutung hat eine Bestellung? *

Durch die **Bestellung** erklärt der Käufer, daß er von einem Lieferer eine bestimmte Ware zu den angegebenen Bedingungen kaufen will. Die Bestellung ist demnach die Annahme eines Angebotes und bewirkt das Zustandekommen eines Kaufvertrages.

Die Bestellung ist nicht an eine bestimmte Form gebunden, sollte aber zur Vermeidung von Irrtümern schriftlich erfolgen.

Die Bestellung ist rechtlich bindend, und die Bindung erlischt nur bei rechtzeitigem Widerruf.

509 | Welche Bedeutung hat eine Auftragsbestätigung?

Eine **Auftragsbestätigung** ist für das Zustandekommen eines Kaufvertrages nur erforderlich, wenn die Bestellung vom Angebot abweicht. Die Bestellung ist dann der Antrag und die Auftragsbestätigung die Annahme.

2.2 Inhalt des Kaufvertrages

510 | Welchen Inhalt hat das Angebot (Überblick)? *

Das **Angebot** enthält üblicherweise Angaben über

- Art, Güte und Beschaffenheit der Ware;
- Preis und Menge der Ware;
- Verpackungsart und Verpackungskosten;
- Lieferungsbedingungen;
- Zahlungsbedingungen.

511 | Welche Regelungen bestehen für die Verpackungskosten?

Grundsätzlich hat der Käufer die Kosten der **Versandverpackung** zu tragen, denn der Preis bezieht sich auf das Rein- oder Nettogewicht.

Es kann aber vertraglich vereinbart werden:

- Verpackung frei bzw. Verpackung unberechnet;
- Verpackung leihweise;
- brutto für netto, d. h., die Verpackung wird wie Ware berechnet.

512 | Welche Regelungen gibt es für die Beförderungskosten? *

Nach dem Grundsatz „Warenschulden sind Holschulden" muß der Käufer die Transportkosten (Fracht, Verladekosten, Rollgeld) übernehmen, wenn er die Ware nicht selbst beim Lieferer abholt.

Durch Vertrag können folgende **Lieferungsbedingungen** vereinbart werden:

- ab Fabrik (ab Lager, ab Werk), d. h., der Käufer trägt ohne Ausnahme alle Kosten der Beförderung;
- ab hier (ab Bahnhof, unfrei), d. h., der Verkäufer trägt die Versandkosten bis zum Versandbahnhof, alle weiteren Kosten trägt der Käufer (gesetzliche Regelung);
- frei Waggon (Schiff), d. h., der Verkäufer übernimmt das Rollgeld und die Verladekosten und den Rest der Käufer;
- frei dort (frei Bahnhof, frachtfrei), d. h., der Verkäufer trägt die Kosten bis zum Bestimmungsbahnhof;
- frei Haus (frei Keller, frei Lager), d. h., der Verkäufer übernimmt alle Beförderungskosten.

513 Welche Zahlungsbedingungen unterscheidet man?

Nach dem Grundsatz „Geldschulden sind Schickschulden" muß der Käufer die Kosten der Zahlung tragen; wenn nichts vereinbart wurde, ist die Zahlung mit Lieferung der Ware fällig.

Es können folgende **Zahlungsbedingungen** vereinbart werden:

- Vorauszahlung (zum Schutz vor zahlungsschwachen und unsicheren Kunden),
- Anzahlung (zur Finanzierung größerer Aufträge),
- Zahlung Zug um Zug (netto Kasse),
- Zahlung nach Lieferung (Kunde erhält Zahlungsziel, verzichtet dadurch auf Skonto),
- Ratenzahlung.

514 Was ist der Erfüllungsort?
*

Der **Erfüllungsort** ist der Ort, an dem der Schuldner seine Leistung zu erbringen hat (der Lieferer schuldet die Ware, der Käufer das Geld).

Man unterscheidet den

- gesetzlichen Erfüllungsort: Wenn nichts anderes vereinbart ist, gilt der Wohnsitz (Geschäftssitz) des Schuldners als Erfüllungsort (d. h., es gibt zwei Erfüllungsorte);
- vertraglichen Erfüllungsort: Der Ort wird durch Vereinbarung festgelegt (z. B. „Erfüllungsort für beide Teile ist München").

515 Welche Bedeutung hat der Erfüllungsort?
*

Der Erfüllungsort hat eine zweifache Bedeutung:

- Am Erfüllungsort geht die Gefahr (Haftung für die Ware) vom Verkäufer auf den Käufer über, auch bei zufälliger Beschädigung, Verschlechterung oder Vernichtung der Ware;
- der Erfüllungsort bestimmt bei Auseinandersetzungen zwischen Verkäufer und Käufer den Gerichtsstand.

2.3 Besondere Arten des Kaufes

516 Unterscheiden Sie bürgerlichen Kauf und Handelskauf!

Nach der rechtlichen Stellung der Vertragspartner unterscheidet man:

- **bürgerlichen Kauf:** Die Parteien sind Nichtkaufleute oder der Kauf ist für die Parteien kein Handelsgeschäft, z. B. Kauf unter Privatleuten;
- **einseitigen Handelskauf:** Ein Vertragspartner ist Kaufmann, wobei der Kauf für ihn ein Handelsgeschäft sein muß, z. B. Privatperson kauft in einem Handelsbetrieb;
- **zweiseitigen Handelskauf:** Kauf unter Kaufleuten, wobei der Kauf für beide Parteien ein Handelsgeschäft sein muß, z. B. Großhändler verkauft Waren an einen Einzelhändler.

Für den bürgerlichen Kauf gelten die Vorschriften des BGB. Für den Handelskauf werden diese Bestimmungen ergänzt durch die Regeln des HGB.

517 Unterscheiden Sie Kauf nach Probe, zur Probe, auf Probe!
*

Der **Kauf nach Probe** (nach Muster) ist ein endgültiger Kauf, bei dem sich der Verkäufer verpflichtet, eine Ware zu liefern, die der eingesandten Probe entspricht.

Der **Kauf zur Probe** ist ein endgültiger Kauf, mit dem der Käufer weitere Bestellmengen in Aussicht stellt, falls die Ware seinen Erwartungen entspricht.

Der **Kauf auf Probe** ist ein Kauf mit Rückgaberecht innerhalb einer bestimmten Frist.

518 Was ist ein Spezifikationskauf?
*

Der **Spezifikationskauf** (Bestimmungskauf) ist der Kauf einer Ware, die durch den Käufer innerhalb einer bestimmten Frist nach Form, Maß, Farbe usw. näher bestimmt (spezifiziert) wird.

519 Was ist ein Kommissionskauf?
*

Beim **Kommissionskauf** ist der Käufer erst dann verpflichtet, die Ware zu bezahlen, wenn er sie selbst weiterverkauft hat.

520 Was ist ein Kauf auf Abruf?
*

Beim **Kauf auf Abruf** wird der Zeitpunkt der Lieferung vom Käufer bestimmt. Er muß die Ware jedoch innerhalb einer festgelegten Frist ganz oder teilweise abrufen.

521 Unterscheiden Sie Fixkauf und Terminkauf!
*

Beim **Terminkauf** (Zeitkauf) muß die Lieferung zu einem vereinbarten Termin oder innerhalb einer festgelegten Frist erfolgen, z.B. „Lieferung Ende November", „Lieferung innerhalb eines Monats".

Beim **Fixkauf** muß die Lieferung an oder bis zu einem genau festgelegten Zeitpunkt erfolgen. Die Vereinbarung über den Liefertermin enthält z.B. den Zusatz „fix", „genau am", „fest" (Fixklausel).

2.4 Kaufvertragsstörungen

522 Welche Störungen bei der Erfüllung von Kaufverträgen werden unterschieden?
*

Werden die Verpflichtungen aus dem Kaufvertrag von den Vertragspartnern nicht oder nicht vollständig erfüllt, kommt es zu **Kaufvertragsstörungen** (Erfüllungsstörungen). Man unterscheidet:

- mangelhafte Lieferung,
- Lieferungsverzug,
- Annnahmeverzug,
- Zahlungsverzug.

Mangelhafte Lieferung

523 Welche Arten der Mängel unterscheidet man?
*

Man unterscheidet folgende **Mängel:**

- Mängel in der Güte, z.B. andere Qualität, geringere Güteklasse, vom Lieferer zugesicherte Eigenschaft fehlt;
- Mängel in der Beschaffenheit, z.B. verdorbene oder beschädigte Ware;

- Mängel in der Menge, Mehrlieferung oder Minderlieferung;
- Mängel in der Art, z. B. falsche Ware (dann i. d. R. Rechte aus dem Lieferungsverzug).

Nach der Erkennbarkeit der Mängel unterscheidet man

- offene Mängel,
- versteckte Mängel.

524 Welche Vorschriften gibt es hinsichtlich der Prüfungspflicht?

Der Käufer muß die gelieferte Ware auf eventuell bestehende Mängel prüfen:

- unverzüglich (ohne schuldhaftes Verzögern) beim zweiseitigen Handelskauf,
- innerhalb von sechs Monaten nach Lieferung beim einseitigen Handelskauf und beim bürgerlichen Kauf.

525 Welche Rügefristen müssen beachtet werden?
*

Der Käufer muß dem Verkäufer festgestellte Mängel in Form einer **Mängelrüge** mitteilen (Rügepflicht).

Sind keine anderen Vereinbarungen getroffen worden, gelten folgende gesetzliche **Rügefristen:**

1. beim zweiseitigen Handelskauf
   - für offene Mängel: unverzüglich nach Prüfung,
   - für versteckte Mängel: unverzüglich nach Entdeckung bis zum Ablauf von sechs Monaten nach Lieferung;
2. beim einseitigen Handelskauf und beim bürgerlichen Kauf für offene und versteckte Mängel: innerhalb sechs Monaten nach Lieferung.

526 Welche Rechte hat der Käufer bei der Lieferung mangelhafter Ware?
*

Bei Beachtung der Rügefrist stehen dem Käufer folgende Rechte nach dem BGB **(Gewährleistungsansprüche)** zur Wahl:

- Wandlung, d. h. Rücktritt vom Vertrag;
- Minderung, d. h. Herabsetzung des Kaufpreises;
- Ersatzlieferung (Umtausch), d. h. Lieferung mangelfreier Ware;
- Schadenersatz wegen Nichterfüllung, wenn der Ware eine zugesicherte Eigenschaft fehlt oder der Mangel arglistig verschwiegen wurde.

Die Gewährleistungsansprüche werden oft vom Verkäufer durch vertragliche Vereinbarungen (in den sogenannten Allgemeinen Geschäftsbedingungen) stark eingeschränkt.

527 Welche Bedeutung hat das AGB-Gesetz?

Das Gesetz zur Regelung des Rechts der Allgemeinen Geschäftsbedingungen **(AGB-Gesetz)** schützt den wirtschaftlich Schwächeren (insbesondere den Verbraucher) vor Übervorteilung durch bestimmte Vorschriften in den Allgemeinen Geschäftsbedingungen der Verkäufer.

Verboten ist es:

- Wesentliches unverständlich und klein zu drucken,
- die gesetzlichen Gewährleistungsfristen zu verkürzen,

- Rechte aus dem Lieferungsverzug einzuschränken,
- sich spätere Preiserhöhungen vorzubehalten.
- Liefertermine mündlich zuzusagen, aber durch Klauseln in den Lieferbedingungen aufzuheben u. a.

528 Wann bestehen keine Gewährleistungsansprüche?

Der Käufer hat keine Gewährleistungsansprüche, wenn

- der Mangel unerheblich ist;
- er die mangelhafte Sache ohne Vorbehalt annimmt, obwohl er den Mangel kennt;
- die Sache in einer öffentlichen Versteigerung gekauft wird.

529 Was ist ein Notverkauf?

Die bemängelte Ware muß vom Käufer auf Kosten des Verkäufers aufbewahrt werden, bis der Verkäufer über den weiteren Verbleib bzw. über die Verwendung der Ware entscheidet.

Ist die Ware leicht verderblich, kann der Käufer einen **Notverkauf** vornehmen, d.h., er kann sie öffentlich versteigern lassen oder zu einem Börsen- oder Marktpreis verkaufen.

Lieferungsverzug

530 Wann gerät ein Lieferer in Verzug?
*

Ein Lieferer gerät in Verzug, wenn er nicht rechtzeitig liefert. Folgende Voraussetzungen müssen erfüllt sein:

- die Lieferung muß fällig sein;
- ein Verschulden des Lieferers muß vorliegen, d.h., der Lieferer verzögert oder unterläßt vorsätzlich oder fahrlässig die Lieferung (höhere Gewalt, z.B. Streik, ist dem Lieferer nicht anzulasten);
- der Käufer muß die Lieferung nach Fälligkeit durch eine Mahnung anfordern.

531 Wann entfällt die Pflicht zur Mahnung?

Der Käufer muß nicht mahnen, wenn

- der Liefertermin kalendermäßig bestimmt ist,
- der Lieferer selbst erklärt, daß er nicht liefern kann oder will (Selbstinverzugsetzung).

532 Welche Rechte stehen dem Käufer beim Lieferungsverzug zu?
*

Der Käufer hat wahlweise folgende Rechte:

1. Ohne Nachfristsetzung kann er
   - Lieferung fordern;
   - Lieferung und Schadenersatz fordern, falls ein Verzögerungsschaden eingetreten ist.
2. Mit Nachfristsetzung kann er
   - Lieferung ablehnen und vom Vertrag zurücktreten,
   - Lieferung ablehnen und Schadenersatz wegen Nichterfüllung verlangen (z. B. beim Deckungskauf).

533 Was ist ein Deckungskauf?
*

Beim **Deckungskauf** beschafft sich der Käufer eine dringend benötigte Ware zu einem höheren Preis von einem anderen Lieferer. Den Preisunterschied muß der in Lieferungsverzug geratene Verkäufer begleichen.

534 Wann entfällt die Nachfristsetzung?

Die Nachfrist entfällt

- beim Fixkauf,
- beim Zweckkauf, d.h. wenn die Ware für einen bestimmten Zweck bestellt wurde, z.B. Feuerwerkskörper für Neujahr.

535 Welche Möglichkeiten der Schadenersatzberechnung gibt es?

Man unterscheidet bei der **Schadenersatzberechnung**

- konkrete Berechnung, d.h., der entstandene Schaden wird durch Unterlagen genau nachgewiesen, z.B. durch die Rechnung beim Deckungskauf;
- abstrakte Berechnung, d.h., der entstandene Schaden wird aufgrund von Erfahrungswerten geschätzt, z.B. der Ersatz für entgangenen Gewinn.

536 Was ist eine Konventionalstrafe?

Eine **Konventionalstrafe** (Vertragsstrafe) ist eine Geldstrafe, die der Lieferer dem Käufer im Falle des Lieferungsverzuges zu zahlen hat (häufig im Baugewerbe).

Annahmeverzug

537 Wann gerät ein Käufer in Annahmeverzug?
*

Annahmeverzug liegt vor, wenn der Käufer die ordnungsgemäß gelieferte Ware nicht annimmt.

538 Welche Rechte hat der Lieferer?
*

Der Lieferer hat beim Annahmeverzug wahlweise folgende Rechte:

- Zurücknahme der Ware und anderweitiger Verkauf,
- Lagerung der Ware auf Kosten und Gefahr des Käufers (der Käufer haftet für den zufälligen Untergang der Ware und für Schäden durch höhere Gewalt) und Klage auf Abnahme,
- Lagerung der Ware und anschließender Selbsthilfeverkauf durch öffentliche Versteigerung oder zum üblichen Börsen- oder Marktpreis.

539 Was ist beim Selbsthilfeverkauf zu beachten?

Der Lieferer hat beim **Selbsthilfeverkauf** (meist in Form der öffentlichen Versteigerung) dem Käufer gegenüber folgende Pflichten:

- Fristsetzung zur Abnahme der Ware und Androhung des Selbsthilfeverkaufs (beim Notverkauf entfällt diese Pflicht),
- Mitteilung von Ort und Zeitpunkt des Selbsthilfeverkaufs (Käufer und Verkäufer können bei der Versteigerung mitbieten),
- Mitteilung des Ergebnisses der Versteigerung (der Selbsthilfeverkauf erfolgt auf Rechnung des Käufers, der die entstandenen Kosten und einen eventuellen Mindererlös tragen muß).

Zahlungsverzug

540 Wann liegt Zahlungsverzug vor?
*

Erfüllt der Käufer seine Zahlungspflicht aus einem Kaufvertrag nicht, kommt er in **Zahlungsverzug:**

- wenn ein bestimmter Zahlungstermin vereinbart war, ab dem Fälligkeitstag;
- wenn kein bestimmter Zahlungstag vereinbart war, erst nach einer ausdrücklichen Mahnung mit Fristsetzung.

541 Welche Rechte hat der Verkäufer beim Zahlungsverzug?
*

Der Verkäufer hat beim Zahlungsverzug wahlweise folgende Rechte:

Er kann

- Erfüllung des Vertrages, d.h. Zahlung verlangen (falls erforderlich mit gerichtlichen Mitteln);
- Erfüllung des Vertrages und Schadenersatz fordern (Kreditkosten für einen wegen des Zahlungsverzugs aufgenommenen Kredit, Verzugszinsen);
- vom Vertrag zurücktreten oder gegebenenfalls Schadenersatz wegen Nichterfüllung verlangen.

542 Welche Regelungen bestehen für Verzugszinsen?

Die Höhe der Verzugszinsen beträgt

- nach dem HGB für den zweiseitigen Handelskauf mindestens 5 %,
- nach dem BGB für den einseitigen Handelskauf mindestens 4 %.

2.5 Mahn- und Klageverfahren

543 Unterscheiden Sie gerichtliches und privates Mahnverfahren!

Wenn ein Käufer seine Zahlungsverpflichtungen nicht erfüllt, erinnert der Kaufmann zunächst durch höfliche und dann durch (zwei oder drei) im Ton bestimmte oder drohende Mahnungen den Schuldner an die bestehende Forderung **(privates Mahnverfahren).**

Zahlt der Schuldner auch nicht nach den Maßnahmen des privaten Mahnverfahrens, kann der Gläubiger zum **gerichtlichen Mahnverfahren** greifen, das den Mahnbescheid und den Vollstreckungsbescheid umfaßt.

Mahnbescheid

544 Was ist der Mahnbescheid?
*

Wenn ein Schuldner trotz der Mahnschreiben des Gläubigers nicht zahlt, kann der Gläubiger zum **Mahnbescheid** (gerichtliche Zahlungsaufforderung) greifen. Der Gläubiger (Antragsteller) füllt einen Vordruck aus und reicht ihn beim Amtsgericht ein. Der Antrag beinhaltet die beteiligten Parteien, das zuständige Gericht, die geltend gemachte Forderung und die Unterschrift.

Das Amtsgericht erläßt dann den Mahnbescheid, ohne zu prüfen, ob der Anspruch wirklich besteht, und stellt den Bescheid dem Schuldner (Antragsgegner) zu. Eine Prüfung des Bescheids entfällt deshalb, weil der Schuldner sehr einfach Widerspruch einlegen kann.

545 Welches Gericht ist für den Mahnbescheid zuständig?
*

Für das gerichtliche Mahnverfahren ist das **Amtsgericht** zuständig, in dessen Bezirk der Gläubiger seinen Wohn- bzw. Firmensitz hat. Legt der Schuldner Widerspruch gegen den Mahnbescheid ein, ist für das streitige Verfahren das Gericht an seinem Wohnsitz zuständig (entgegen dieser gesetzlichen Regelung können Vollkaufleute vertraglich einen besonderen Gerichtsstand vereinbaren).

546 Wie kann der Schuldner auf den Mahnbescheid reagieren?
*

Nach Zustellung des **Mahnbescheides** kann der Schuldner

1. zahlen (Verfahren ist beendet);
2. schriftlich binnen zwei Wochen Widerspruch einlegen, dann
   - informiert das Amtsgericht den Antragsteller über den Widerspruch,
   - kann der Antragsteller (aber auch der Antragsgegner) seinen Anspruch begründen und eine mündliche Verhandlung beantragen,
   - kommt es zur Gerichtsverhandlung (Klage);
3. nichts unternehmen, dann
   - kann der Antragsteller binnen sechs Monaten Antrag auf Vollstreckungsbescheid stellen,
   - stellt das Gericht i. d. R. den Vollstreckungsbescheid zu.

547 Wie kann der Schuldner auf den Vollstreckungsbescheid reagieren?

Nach Zustellung des **Vollstreckungsbescheides** (früher Vollstreckungsbefehl) kann der Schuldner

1. zahlen (Verfahren ist beendet);
2. schriftlich Einspruch einlegen, dann
   - informiert das Amtsgericht den Antragsteller über den Einspruch,
   - kann der Antragsteller binnen zwei Wochen eine Gerichtsverhandlung beantragen, danach
   - kommt es zur Verhandlung (Klage);
3. nichts unternehmen, dann kommt es zur Zwangsvollstreckung.

Klageverfahren

548 Was versteht man unter dem Klageverfahren?
*

Rechtsstreitigkeiten, die nicht durch das gerichtliche Mahnverfahren abgewickelt werden, entscheidet das Gericht durch eine mündliche Gerichtsverhandlung (Klageverfahren, Zivilprozeß).

Zur **Klage** kommt es, wenn

- der Schuldner Widerspruch gegen einen Mahnbescheid einlegt und der Gläubiger die Verhandlung beantragt,

- der Schuldner Einspruch gegen einen Vollstreckungsbescheid einlegt und der Gläubiger die Verhandlung beantragt.
- der Gläubiger mit einem Widerspruch des Schuldners gegen einen Mahnbescheid rechnet und sofort die Gerichtsverhandlung beantragt.

549 Welches Gericht ist für die Klage zuständig?
*

Die Zuständigkeit der Gerichte für das Klageverfahren unterteilt man in

1. **örtliche Zuständigkeit,**
   - nach der gesetzlichen Regelung ist das Gericht zuständig, in dessen Bezirk der Schuldner seinen Wohn- bzw. Firmensitz hat,
   - beide Parteien (nur Vollkaufleute) können vertraglich einen Gerichtsstand vereinbaren;
2. **sachliche Zuständigkeit,**
   - bei einem Streitwert bis 10 000,00 DM ist das Amtsgericht zuständig,
   - bei einem Streitwert über 10 000,00 DM ist das Landgericht zuständig (es besteht Anwaltszwang).

550 Welchen Inhalt hat die Klageschrift?

In der **Klageschrift** begründet der Gläubiger (Kläger) seinen Anspruch gegen den Schuldner (Beklagter). Inhalt der Klageschrift sind: Parteien, Klagegrund, Streitwert und Klageantrag.

551 Wie kann ein Klageverfahren beendet werden?

Das **Klageverfahren** kann beendet werden

1. durch die beteiligten Parteien,
   - der Kläger zieht die Klage zurück (Klagerücknahme),
   - der Beklagte zahlt freiwillig (Schuldanerkenntnis),
   - die Parteien einigen sich gütlich (Vergleich);
2. durch das Gericht,
   - Urteil.

552 Was sind Berufung und Revision?
*

Wird gegen das Urteil eines Amtsgerichts (als erste Instanz) **Berufung** eingelegt, ist das Landgericht als Berufungsinstanz zuständig. Ein Einspruch gegen dieses Urteil ist nicht mehr möglich.

Gegen Urteile des Landgerichts als erste Instanz wird Berufung beim Oberlandesgericht eingelegt. Widersprüche gegen dessen Urteile heißen **Revision,** zuständig ist der Bundesgerichtshof (der Streitwert muß 60 000,00 DM übersteigen).

Zwangsvollstreckung

553 Was ist Zwangsvollstreckung?

Zwangsvollstreckung ist die Anwendung staatlicher Gewalt zur Durchsetzung eines gerichtlich festgestellten Anspruches des Gläubigers.

Die Zwangsvollstreckung wird nur auf Antrag des Gläubigers durchgeführt.

554 Nennen Sie die Voraussetzungen der Zwangsvollstreckung!
*

Bevor die Zwangsvollstreckung durchgeführt werden kann, muß

- ein vollstreckbarer Titel vorliegen, d.h., das Gericht muß einen Mahnbescheid oder ein Urteil für vollstreckbar erklärt haben;
- der vollstreckbare Titel dem Schuldner zugestellt worden sein.

555 Welche Arten der Zwangsvollstreckung gibt es (Überblick)?
*

Man unterscheidet folgende **Arten der Zwangsvollstreckung:**

1. Zwangsvollstreckung in das bewegliche Vermögen,
   - Pfändung beweglicher Sachen,
   - Pfändung von Forderungen und anderen Rechten;
2. Zwangsvollstreckung in das unbewegliche Vermögen (Grundstücke).

556 Beschreiben Sie die Pfändung beweglicher Sachen!
*

Der Gerichtsvollzieher

- nimmt kleinere, leicht transportierbare Sachen an sich, z.B. Schmuck, Wertpapiere (Faustpfand);
- kennzeichnet schwer transportierbare Gegenstände durch das Aufkleben von Pfandsiegelmarken als gepfändet, z.B. Möbel, Maschinen;
- tauscht wertvolle gegen weniger wertvolle Gegenstände, die dem gleichen Zweck dienen, z.B. Musiktruhe gegen einfaches Radio (Austauschpfändung).

Nicht pfändbar sind Gegenstände, die zur Lebensführung (z.B. Haus- und Küchengeräte) und zur Berufsausübung (z.B. Pkw eines Vertreters) notwendig sind.

Bei der Versteigerung, die frühestens eine Woche nach dem Tag der Pfändung erfolgen darf, können Gläubiger und Schuldner mitbieten.

557 Beschreiben Sie die Pfändung von Forderungen!
*

Die Pfändung von Forderungen erfolgt durch einen Pfändungs- und Überweisungsbeschluß des Vollstreckungsgerichts.

Der Drittschuldner (z.B. der Arbeitgeber bei der **Lohnpfändung**) wird angewiesen, bestimmte Beträge vom Einkommen des Schuldners (Arbeitnehmer) einzubehalten und an den Gläubiger abzuführen.

Bestimmte Beträge des Nettoeinkommens sind unpfändbar (Existenzminimum).

9 Groh/Schröer ISBN 3-8120-0266-6

558 Beschreiben Sie die Zwangsvollstreckung in das unbewegliche Vermögen!
*

Die Zwangsvollstreckung in das unbewegliche Vermögen kann erfolgen durch

- Eintragung einer Zwangshypothek (dient nur der Sicherung der Forderung);
- Zwangsversteigerung des Grundstücks, wobei der Gläubiger aus dem Erlös befriedigt wird (ein Mehrerlös nach Abzug der Gerichtskosten gehört dem Schuldner);
- Zwangsverwaltung des Grundstücks, d.h., dem Schuldner wird zwar das Verfügungsrecht, nicht aber das Eigentum an dem Grundstück entzogen; der Gläubiger wird aus den Grundstückserträgen befriedigt (z. B. Mieten, Pachten).

Diese drei Vollstreckungsmöglichkeiten müssen ins Grundbuch eingetragen werden.

559 Was ist die eidesstattliche Versicherung?

Wird der Gläubiger durch die Zwangsvollstreckung nicht vollständig befriedigt, kann er beim zuständigen Amtsgericht eine **eidesstattliche Versicherung** des Schuldners über dessen Vermögensverhältnisse beantragen (Offenbarungseid). Das beim Amtsgericht aufliegende Schuldnerverzeichnis, in welches der Offenbarungseid eingetragen wird, kann jeder einsehen.

2.6 Verjährung

560 Was bedeutet Verjährung?
*

Verjährung bedeutet, daß eine Forderung nach einer im Gesetz festgelegten Frist nicht mehr gerichtlich eingeklagt werden kann. Der Schuldner hat die Einrede der Verjährung (das Leistungsverweigerungsrecht), d.h., er muß nicht mehr zahlen, obwohl der Anspruch des Gläubigers weiter besteht.

561 Nennen Sie die wichtigsten Verjährungsfristen!
*

Die wichtigsten **Verjährungsfristen** sind:

1. die dreißigjährige (regelmäßige) Verjährungsfrist: Sie beginnt mit dem Tage der Entstehung des Anspruchs und gilt
   - für Forderungen der Privatleute untereinander,
   - für Darlehen,
   - für gerichtlich festgelegte Ansprüche (Urteile, Vollstreckungsbescheide u. a.);
2. die vierjährige Verjährungsfrist: Sie beginnt am Endes des Jahres, in dem der Anspruch entstanden ist und gilt
   - für Forderungen der Kaufleute untereinander (Geschäftsschulden),
   - für Ansprüche auf Zinsen,
   - für Ansprüche auf regelmäßig wiederkehrende Leistungen (z. B. Mieten, Renten);
3. die zweijährige Verjährungsfrist: Sie beginnt am Ende des Jahres, in dem der Anspruch entstanden ist und gilt
   - für Forderungen der Gewerbetreibenden gegenüber Privatleuten (Alltagsschulden),
   - für Lohn- und Gehaltsforderungen,
   - für Forderungen der freien Berufe (z. B. Ärzte, Rechtsanwälte).

562 Was bedeutet Unterbrechung der Verjährung?
*

Durch die **Unterbrechung der Verjährung** beginnt die Verjährungsfrist von neuem zu laufen, und zwar vom Tag der Unterbrechung an. Die Verjährung wird unterbrochen

1. vom Schuldner durch
   - Teilzahlung,
   - Zinszahlung,
   - schriftliche Stundungsbitte,
   - sonstige Schuldanerkennung, z.B. durch Schuldschein;
2. vom Gläubiger durch
   - Mahnbescheid,
   - Klage,
   - Anmeldung der Forderung im Konkursfall.

Gewöhnliche Mahnungen unterbrechen die Verjährung nicht.

563 Was bedeutet Hemmung der Verjährung?
*

Durch die **Hemmung der Verjährung** wird die Verjährungsfrist um den Zeitraum der Hemmung verlängert. Die Verjährung wird gehemmt, solange

- die Forderung gestundet ist,
- der Schuldner die Leistung berechtigt nicht erfüllen muß, z.B. im Vergleichsverfahren,
- die Rechtspflege stillsteht, z.B. im Krieg.

3 Andere Verträge des Wirtschaftsverkehrs

564 Was ist ein Dienstvertrag?
*

Durch den **Dienstvertrag** (meist in Form eines Arbeitsvertrages abgeschlossen) verpflichtet sich der Arbeitnehmer zur Leistung der versprochenen Dienste. Der Arbeitgeber ist zur Vergütung der Dienste verpflichtet.

565 Unterscheiden Sie Werk- und Werklieferungsvertrag!

Durch den **Werkvertrag** wird ein Unternehmer zur Herstellung eines versprochenen „Werkes" verpflichtet (z.B. Tapezieren eines Zimmers, wobei der Auftraggeber die Tapeten stellt); der Besteller ist zur Zahlung verpflichtet.

Beim **Werklieferungsvertrag** verpflichtet sich der Unternehmer zur Herstellung eines „Werkes" aus einem von ihm zu beschaffenden Stoff (z.B. Maler tapeziert ein Zimmer und stellt das gesamte Material bereit).

566 Unterscheiden Sie Darlehns- und Leihvertrag!

Der **Darlehnsvertrag** beinhaltet die unentgeltliche oder entgeltliche Überlassung von Geld oder anderen vertretbaren Sachen zum Gebrauch gegen spätere Rückgabe von Sachen gleicher Art, Güte und Menge (i.d.R. Kreditvertrag).

Durch den **Leihvertrag** überläßt der Verleiher dem Leiher Sachen zum Gebrauch ohne Entgelt; die ausgeliehene Sache wird zurückgegeben.

567 Unterscheiden Sie Miet- und Pachtvertrag!
*

Der **Mietvertrag** beinhaltet die Überlassung von Sachen zum Gebrauch gegen Entgelt.

Der **Pachtvertrag** beinhaltet die Überlassung von Sachen und Rechten zum Gebrauch und „Fruchtgenuß“ (z. B. Obst, das auf dem gepachteten Grundstück reift) gegen Entgelt.

4 Handelsrecht

4.1 Kaufleute

568 Welche Kaufmannseigenschaften werden nach dem HGB unterschieden (Überblick)?
*

Kaufmann ist, wer selbständig ein Handelsgewerbe betreibt. Das HGB, das den Handelsstand regelt, unterscheidet den

1. Mußkaufmann,
   - Vollkaufmann,
   - Minderkaufmann;
2. Sollkaufmann;
3. Kannkaufmann;
4. Formkaufmann.

569 Wer ist Mußkaufmann?
*

Mußkaufmann ist jeder, der ein Grundhandelsgewerbe betreibt, z. B.:

- Einzel- und Großhandelsbetriebe,
- Industriebetriebe,
- Banken und Versicherungen,
- Handelsvertreter und Handelsmakler.

Die Kaufmannseigenschaft besteht allein aufgrund der Betätigung (Kaufmann kraft Grundhandelsgewerbes bzw. kraft Gesetzes).

570 Wer ist Sollkaufmann?

Handwerkliche oder sonstige gewerbliche Unternehmen, die kein Grundhandelsgewerbe betreiben, jedoch nach Art und Umfang eine kaufmännische Organisation erfordern, sind **Sollkaufleute.** Sie müssen sich ins Handelsregister eintragen lassen (Kaufmann kraft Eintragung). Beispiele sind Bauunternehmen, Ziegeleien, Kinos.

571 Wer ist Kannkaufmann?

Land- und forstwirtschaftliche Betriebe sowie deren Nebenbetriebe können sich, um die Kaufmannseigenschaft zu erlangen, ins Handelsregister eintragen lassen **(Kannkaufleute).** Beispiele sind Molkereien, Mühlen, Brennereien.

572 Wer ist Formkaufmann?

Alle Kapitalgesellschaften (z. B. AG, GmbH) sind **Formkaufleute** (Kaufmann kraft Rechtsform). Kaufmann ist – nach der Eintragung ins Handelsregister – die Gesellschaft als juristische Person.

573 Unterscheiden Sie Minder- und Vollkaufleute!
*

Grundsätzlich sind alle Kaufleute Vollkaufleute; lediglich bei den Mußkaufleuten wird in Voll- und Minderkaufmann unterschieden.

Der **Minderkaufmann** betreibt ein Grundhandelsgewerbe, dessen Betrieb keine kaufmännische Organisation erfordert (z. B. Kleinbetriebe). Für ihn gilt das HGB nur in vermindertem Umfang.

Der **Vollkaufmann** hat im Gegensatz zum Minderkaufmann folgende Rechte bzw. Pflichten:

- Prokuraerteilung,
- Ausüben eines Handelsrichteramtes,
- Führen einer Firma,
- Handelsregistereintragung,
- Buchführung nach handels- und steuerrechtlichen Vorschriften,
- Bürgschaft ist selbstschuldnerisch und mündlich möglich.

Für den **Minderkaufmann** entfallen die vier erstgenannten Punkte ganz, ansonsten gilt:

- Mindestbuchführung nach dem Steuerrecht,
- Bürgschaft ist nur schriftlich möglich.

4.2 Handelsregister

574 Was ist das Handelsregister?
*

Das **Handelsregister** ist ein öffentliches Verzeichnis aller Vollkaufleute eines Amtsgerichtsbezirks und wird vom Amtsgericht geführt. Die Anmeldungen zum Handelsregister erfolgen schriftlich in öffentlich beglaubigter Form.

Eingetragen werden z. B.:

- Firma und Name des Inhabers,
- Geschäftssitz,
- Art des Geschäftes,
- Erteilung und Erlöschen einer Prokura,
- Konkurs, Vergleich und Liquidation.

575 Welche rechtlichen Wirkungen haben Handelsregistereintragungen?
*

Die Wirkung der **Handelsregistereintragung** kann sein:

- rechtsbekundend (deklaratorisch), d. h., es werden Tatsachen festgestellt, die auch vorher schon rechtsgültig waren (z. B. Prokura);
- rechtserzeugend (konstitutiv), d. h., in einigen Fällen entsteht eine Rechtswirkung erst durch die Eintragung (z. B. Form-, Kann- und Sollkaufleute).

576 Welche Aufgaben erfüllt das Handelsregister?
*

Hauptaufgaben des Handelsregisters sind:

- Information der Öffentlichkeit über die Rechtsverhältnisse der Firmen, d. h., jedermann kann das Register einsehen; außerdem werden alle Eintragungen im Bundesanzeiger und in einer örtlichen Tageszeitung veröffentlicht;
- Schutz des öffentlichen Glaubens, d. h., eingetragene und bekanntgegebene Tatsachen (z. B. Entziehung der Prokura) muß jeder gegen sich gelten lassen.

4.3 Handelsfirma

577 Was versteht man unter Firma?
*

Die **Firma** eines Kaufmanns ist der Name, unter dem er im Handel seine Geschäfte betreibt und die Unterschrift abgibt. Ein Kaufmann kann unter seiner Firma klagen und verklagt werden. Eine Firma hat nur ein Vollkaufmann.

578 Beschreiben Sie die Firmengrundsätze!
*

Es gelten folgende **Firmengrundsätze:**

- Firmenöffentlichkeit: Handelsregistereintragung;
- Firmenausschließlichkeit: Jede Firma muß sich von allen am gleichen Ort bereits bestehenden Firmen unterscheiden;
- Firmenwahrheit und Firmenklarheit: Der Firmenname soll über Firmeninhaber und Unternehmensart informieren und darf keine falschen Angaben über Art und Umfang des Unternehmens enthalten;
- Firmenbeständigkeit: Die Firma kann bei Verkauf beibehalten werden; sie darf nicht ohne das zugehörige Handelsgeschäft veräußert werden.

579 Wie firmieren die einzelnen Unternehmensformen?

Für die **Firmierung** gibt es folgende Richtlinien:

- Der Einzelkaufmann führt als Firma seinen Familiennamen mit ausgeschriebenem Vornamen (Zusätze sind gestattet);
- bei der OHG enthält die Firma die Zunamen aller Teilhaber oder den Namen eines Teilhabers mit einem Zusatz, der das Gesellschaftsverhältnis andeutet (OHG; & Co.);
- die KG enthält den Namen von mindestens einem Vollhafter mit dem Zusatz KG, Namen der Teilhafter dürfen nicht aufgenommen werden (ansonsten gelten die Vorschriften der OHG);
- die GmbH enthält als Personenfirma den Namen eines oder mehrerer Gesellschafter oder als Sachfirma die Bezeichnung der Unternehmung jeweils mit dem Zusatz GmbH;
- die Aktiengesellschaft enthält als Sachfirma den Zusatz AG;
- die Genossenschaft enthält als Sachfirma den Zusatz eG (eingetragene Genossenschaft).

580 Unterscheiden Sie Personen- und Sachfirma!

Die **Personenfirma** enthält den Namen des Inhabers.

Die **Sachfirma** dagegen ist von der Art des Unternehmens abgeleitet (z. B. Textilgroßhandlung); sie liegt meist bei der GmbH oder AG vor.

4.4 Prokura und Handlungsvollmacht

581 Was versteht man unter Vollmacht?
*

Vollmacht ist das Recht, in fremdem Namen gültige Geschäfte abzuschließen. Man unterscheidet zwei Formen der Vollmacht (Vertretungsbefugnis):

- Handlungsvollmacht,
- Prokura.

582	Was ist Handlungsvollmacht? *	**Handlungsvollmacht** ist jede von einem Kaufmann im Rahmen seines Geschäftsbetriebes erteilte Vollmacht, die nicht Prokura ist.
583	Welche Arten der Handlungsvollmacht gibt es? *	Die **Generalhandlungsvollmacht** (allgemeine Handlungsvollmacht, Gesamtvollmacht) ermächtigt zu allen Rechtshandlungen, soweit sie im Rahmen des betreffenden Handelsgewerbes üblich sind. Ohne ausdrückliche Zustimmung darf der Bevollmächtigte z.B. keine Grundstücke verkaufen oder Darlehen aufnehmen. Die **Artvollmacht** (Teilvollmacht) erstreckt sich auf bestimmte, regelmäßig anfallende Geschäfte (gilt z.B. für Abteilungsleiter, Kassierer, Verkäufer). Die **Spezialvollmacht** (Einzel- oder Sondervollmacht) ermächtigt nur zur Vornahme einzelner Rechtsgeschäfte, nach deren Erledigung sie erlischt (z.B. Einlösung eines Schecks).
584	Was ist Generalvollmacht?	Die **Generalvollmacht,** die nicht zur Handlungsvollmacht gehört, ermächtigt zur Vertretung des Geschäftsinhabers in allen, auch außergewöhnlichen Geschäften. Sie kann in ihrem Umfang die Prokura übertreffen. Eine eindeutige gesetzliche Regelung gibt es nicht.
585	Wie wird Handlungsvollmacht erteilt?	Die Gesamtvollmacht kann nur von Vollkaufleuten, Minderkaufleuten und Prokuristen erteilt werden. Die anderen Formen der Vollmacht kann jeder Bevollmächtigte als Untervollmacht erteilen. Die Erteilung der Vollmacht ist an keine Form gebunden. Die Übertragung kann ausdrücklich erfolgen oder durch die stillschweigende Duldung von Geschäften (z.B. Kassieren). Die Eintragung in das Handelsregister ist nicht erlaubt.
586	Wie erlischt die Handlungsvollmacht?	Die Handlungsvollmacht erlischt durch ● Widerruf des Vollmachtgebers, ● Auflösung des Dienstverhältnisses, ● Auflösung des Geschäftes, ● Verkauf des Geschäftes. Die Einzelvollmacht erlischt nach Durchführung des betreffenden Auftrages.
587	Was ist Prokura? *	**Prokura** ist die umfassendste Art der Vollmacht. Sie ermächtigt zu allen Arten von gerichtlichen und außergerichtlichen Geschäften und Rechtshandlungen, die der Betrieb eines Handelsgewerbes mit sich bringt. Der Prokurist unterschreibt mit per procura, ppa. oder pp. Eine Beschränkung der Prokura ist im Innenverhältnis möglich; Dritten gegenüber (Außenverhältnis) ist die Beschränkung unwirksam. (Beispiel: Einem Prokuristen wird untersagt, Wechsel zu akzeptieren; wenn er trotzdem eine Wechselverpflichtung eingeht, ist das Akzept voll gültig. Er kann aber wegen Verletzung der Dienstpflicht zur Rechenschaft gezogen werden).

588 Welche Beschränkungen gibt es bei der Prokura?

Einem Prokuristen ist es gesetzlich verboten

- Bilanz und Inventar zu unterschreiben,
- die Firma aufzulösen oder zu verkaufen,
- Konkurs anzumelden,
- neue Gesellschafter aufzunehmen.

Grundstücke belasten und verkaufen darf der Prokurist nur mit einer besonderen Erlaubnis.

589 Welche Arten der Prokura gibt es?
*

Bei der **Einzelprokura** ist eine Person berechtigt, die Vollmacht allein in vollem Umfang wahrzunehmen.

Wenn zwei (oder mehrere) Personen nur gemeinsam die Vollmacht ausüben dürfen, liegt **Gesamtprokura** vor.

Die **Filialprokura** beschränkt die Vollmacht des Prokuristen auf den Geschäftsbereich einer Filiale (Zweigniederlassung).

590 Wie wird Prokura erteilt?
*

Die Erteilung der Prokura

- darf nur vom Geschäftsinhaber (Vollkaufmann) persönlich vorgenommen werden,
- muß ausdrücklich erklärt werden (kein Formzwang),
- muß in das Handelsregister eingetragen werden.

591 Wie erlischt die Prokura?

Die Prokura erlischt durch

- Widerruf,
- Auflösung des Dienstvertrags,
- Auflösung oder Verkauf des Geschäftes.

Im Gegensatz zur Handlungsvollmacht erlischt sie nicht beim Tod des Geschäftsinhabers. Nach außen hin bleibt die Prokura bis zur Streichung im Handelsregister gültig.

4.5 Handlungsgehilfen

592 Wer ist Handlungsgehilfe?

Handlungsgehilfe (Kaufmannsgehilfe, kaufmännischer Angestellter) ist, wer in einem Handelsgewerbe zur Leistung kaufmännischer Dienste gegen Entgelt angestellt ist, z. B. Buchhalter, Kassierer, Einkäufer.

593 Welche Rechte hat der kaufmännische Angestellte?

Der **kaufmännische Angestellte** hat das Recht auf

- Vergütung der geleisteten Dienste,
- Fürsorge durch den Arbeitgeber,
- Gewährung von Urlaub,
- Beschäftigung im Rahmen des Arbeitsvertrages,
- Ausstellung eines Zeugnisses (auf Wunsch des Arbeitnehmers mit Angaben über Führung und Leistung = qualifiziertes Zeugnis).

594 Welche Pflichten hat der kaufmännische Angestellte?

Der kaufmännische Angestellte hat folgende Pflichten:

- Dienstleistungspflicht,
- Treuepflicht,
- Verbot der Annahme von Schmiergeldern,
- Pflicht zur Wahrung der Betriebsgeheimnisse,
- Wettbewerbsverbot.

95 Was ist Wettbewerbsverbot?
*

Das HGB unterscheidet:

- **gesetzliches Wettbewerbsverbot** (Konkurrenzverbot): Der kaufmännische Angestellte darf ohne Einwilligung des Arbeitgebers kein Handelsgewerbe betreiben und im Geschäftszweig des Arbeitgebers nicht für eigene oder fremde Rechnung Geschäfte machen.

  Bei Verletzung des gesetzlichen Wettbewerbsverbots hat der Arbeitgeber das Recht zur fristlosen Entlassung und das Recht auf Schadenersatz.

- **vertragliches Wettbewerbsverbot** (Konkurrenzklausel): Durch eine vertragliche Vereinbarung wird sichergestellt, daß der Angestellte nach Beendigung des Dienstverhältnisses seine Kenntnisse nicht zum Nachteil des ehemaligen Arbeitgebers einsetzt (z. B. Bierbrauer).

  Der Arbeitgeber muß dem Arbeitnehmer für dieses auf höchstens zwei Jahre befristete Wettbewerbsverbot eine Entschädigung zahlen.

96 Was ist ein Reisender?
*

Der **Reisende** (Handlungsreisende) ist als kaufmännischer Angestellter an Weisungen des Arbeitgebers gebunden. Er hat vor allem folgende Aufgaben:

- Vermittlung und Abschluß von Geschäften,
- Betreuung und Beurteilung von Kunden,
- Beobachtung des Marktes und der Konkurrenz.

Der Reisende erhält für seine Tätigkeit neben dem Ersatz seiner Spesen ein festes Gehalt (Fixum) oder ein festes Gehalt und Umsatzprovision.

4.6 Kaufmännische Hilfsgewerbe

97 Wer ist Handelsvertreter?
*

Der **Handelsvertreter** ist als selbständiger Kaufmann (Mußkaufmann) ständig damit betraut, für einen anderen Unternehmer Geschäfte zu vermitteln (Vermittlungsvertreter) oder in dessen Namen abzuschließen (Abschlußvertreter). Er wird in fremdem Namen für fremde Rechnung tätig.

Zu den Pflichten des Handelsvertreters gehören: Bemühungspflicht, Benachrichtigungspflicht, Sorgfaltspflicht, Schweige- und Treuepflicht.

Für seine Dienste erhält der Handelsvertreter Vermittlungs- und Abschlußprovision, daneben u. U. Delkredereprovision und Inkassoprovision.

98 Wer ist Kommissionär?
*

Der **Kommissionär** kauft oder verkauft als selbständiger Kaufmann (Mußkaufmann) Waren oder Wertpapiere in eigenem Namen für Rechnung eines anderen (des Kommittenten).

Zu den Pflichten des Kommissionärs zählen Sorgfaltspflicht, Gehorsamspflicht, Anzeigepflicht.

Er hat das Recht auf Provision, auf Ersatz der Aufwendungen sowie gesetzliches Pfandrecht am Kommissionsgut zur Sicherung von Forderungen.

10 Groh/Schröer ISBN 3-8120-0266-6

599 Wer ist Handelsmakler?

Der **Handelsmakler** übernimmt als selbständiger Kaufmann (Mußkaufmann) von Fall zu Fall die Vermittlung von Verträgen, und zwar in fremdem Namen und für fremde Rechnung.

Zu den Pflichten des Handelsmaklers gehören die Pflicht zur Ausstellung einer Schlußnote für jede Vertragspartei, die Pflicht zur Führung eines Tagebuches, die Haft- und Auskunftspflicht.

Der Handelsmakler hat das Recht auf Maklerlohn (Courtage), der je zur Hälfte von den Vertragsparteien zu zahlen ist.

600 Wer ist Lagerhalter?

Der **Lagerhalter** übernimmt als selbständiger Kaufmann (Mußkaufmann) gewerbsmäßig die Lagerung und Aufbewahrung von Gütern in eigenem Namen für eigene Rechnung.

Zu den Pflichten des Lagerhalters gehören: Prüfungspflicht, Haftpflicht, Sorgfaltspflicht, Quittungspflicht (Lagerschein), Herausgabepflicht.

Er hat Recht auf Entschädigung (Lagergeld und Auslagen), gesetzliches Pfandrecht und Kündigungsrecht.

601 Unterscheiden Sie Frachtführer und Spediteur!

Der **Frachtführer** übernimmt als selbständiger Kaufmann (Mußkaufmann) gewerbsmäßig die Beförderung von Gütern in eigenem Namen und für eigene Rechnung.

Der **Spediteur** besorgt als selbständiger Kaufmann (Mußkaufmann) gewerbsmäßig die Versendung von Gütern durch Frachtführer in eigenem Namen für Rechnung des Versenders.

5 Arbeitsrecht

602 Welche Quellen des Arbeitsrechts gibt es?

Das **Arbeitsrecht** hat folgende Quellen:

1. Gesetze,
   - allgemeine Gesetze, z.B. BGB, HGB, Gewerbeordnung;
   - spezielle arbeitsrechtliche Gesetze, z.B. Betriebsverfassungsgesetz, Tarifvertragsgesetz, Arbeitszeitordnung, Mitbestimmungsgesetze;
2. Verträge,
   - Einzelarbeitsverträge,
   - Betriebsvereinbarungen,
   - Tarifverträge.

603 Welche Gerichte sind für das Arbeitsrecht zuständig?

Für Rechtsstreitigkeiten aus einem Arbeitsverhältnis sind in erster Instanz die Arbeitsgerichte zuständig. Berufungsinstanz für deren Urteile ist das Landesarbeitgericht, Revisionsinstanz ist das Bundesarbeitsgericht (in Kassel).

5.1 Tarifpartner

604 Wer sind die Tarifpartner?
*

Tarifpartner (Sozialpartner) sind:

1. die Gewerkschaften als Vereinigungen der Arbeitnehmer,
   - der Deutsche Gewerkschaftsbund (DGB) umfaßt als Spitzenverband 17 selbständige Gewerkschaften, gegliedert nach dem Industrieverbandsprinzip, z. B. Industriegewerkschaft (IG) Metall, IG Bau, Steine, Erden;
   - die Deutsche Angestelltengewerkschaft (DAG) umfaßt nur die Berufsgruppen der Angestellten gegliedert nach Fachgruppen, z. B. Banken und Sparkassen, öffentlicher Dienst;
   - der Deutsche Beamtenbund u. a.;
2. einzelne Arbeitgeber oder Zusammenschlüsse der Arbeitgeber (Arbeitgeberverbände); die Arbeitgeberverbände sind zusammengefaßt in der Bundesvereinigung der Deutschen Arbeitgeberverbände (BDA).

605 Welche Aufgaben haben die Gewerkschaften?
*

Die **Gewerkschaften** haben die Aufgabe, die sozialen und wirtschaftlichen Lebensbedingungen der Arbeitnehmer zu verbessern und deren Interessen den Arbeitgebern gegenüber wahrzunehmen. Folgende Einzelaufgaben ergeben sich daraus:

- Verbesserung der Lohn- und Arbeitsbedingungen,
- Ausbau der staatlichen Sozialversicherung,
- Förderung der Vermögensbildung der Arbeitnehmer,
- Führen von Tarifverhandlungen mit den Arbeitgebern,
- Vertretung der Arbeitnehmer vor Arbeitsgerichten,
- Sicherung der Arbeitsplätze.

606 Welche Aufgaben haben die Arbeitgeberverbände?
*

Die **Arbeitgeberverbände** haben die Aufgabe, die arbeitsrechtlichen und sozialpolitischen Interessen ihrer Mitglieder wahrzunehmen. Im einzelnen sind es folgende Aufgaben:

- Führen von Tarifverhandlungen mit den Gewerkschaften,
- arbeitsrechtliche Beratung,
- Beobachtung und Lenkung des Arbeitsmarktes,
- soziale Betriebsgestaltung,
- internationale Sozialpolitik.

607 Was sind Tarifverhandlungen?
*

Tarifverhandlungen sind Verhandlungen tariffähiger Parteien, d. h. der Arbeitgeber oder Arbeitgeberverbände einerseits und der Gewerkschaften andererseits, mit dem Ziel, Tarifverträge entsprechend dem Tarifvertragsgesetz (TVG) abzuschließen.

Tarifverhandlungen enden i. d. R. mit einem Kompromiß zwischen den Forderungen der Gewerkschaften und den Vorstellungen der Arbeitgeber.

608 Was versteht man unter Tarifautonomie?
*

Tarifautonomie bedeutet, daß der Tarifvertrag durch freie Vereinbarung der Tarifvertragsparteien ohne Mitwirkung einer staatlichen Stelle zustande kommt.

609 Was ist Schlichtung?

Schlichtung ist ein Verfahren zur Beilegung von Streitigkeiten zwischen Gewerkschaften und Arbeitgebern (bzw. Arbeitgeberverbänden) bei Tarifvertragsverhandlungen.

Zum Arbeitskampf wird erst dann aufgerufen, wenn die Vermittlungsbemühungen des unparteiischen Schlichters (häufig Personen des öffentlichen Lebens, z.B. Landesarbeitsminister) gescheitert sind.

610 Was ist Urabstimmung?

Urabstimmung ist die Meinungsbefragung der (gewerkschaftlich organisierten) Arbeitnehmer durch die Gewerkschaften vor der Durchführung eines Streikes.

611 Unterscheiden Sie Streik und Aussperrung!
*

Streik und Aussperrung sind rechtlich zulässige Mittel des Arbeitskampfes zur Durchsetzung bestimmter Forderungen.

Streik ist die gemeinsame, gleichzeitige und planmäßige Arbeitsniederlegung mehrerer Arbeitnehmer eines Betriebes oder eines Wirtschaftszweiges. Unterschieden werden:

- organisierter (von den Gewerkschaften geleiteter) Streik,
- nichtorganisierter (wilder) Streik,
- Teilstreik (umfaßt nur einen Teil der Betriebe),
- Generalstreik (umfaßt alle Betriebe),
- Warnstreik,
- Sympathiestreik (für andere streikende Arbeitnehmer).

Aussperrung ist die planmäßige Ausschließung der Arbeitnehmer von der Arbeit. Man unterscheidet:

- Angriffsaussperrung (selten),
- Abwehrsaussperrung (Reaktion auf ausgebrochenen Streik).

612 Was ist Friedenspflicht?

Friedenspflicht bedeutet, daß die Tarifparteien während der Gültigkeit des Tarifvertrages den Arbeitsfrieden wahren müssen, d.h. keine Kampfmaßnahmen gegen die Vereinbarungen ergreifen dürfen.

5.2 Arbeitsverträge

613 Welche Arten von Arbeitsverträgen gibt es?
*

Arbeitsverhältnisse sind rechtlich geregelt in Gesetzen (z.B. Betriebsverfassungsgesetz, Bundesurlaubsgesetz) und Arbeitsverträgen. Man unterscheidet folgende Arten von Arbeitsverträgen:

- Einzelarbeitsvertrag,
- Betriebsvereinbarung,
- Tarifvertrag.

614 Was ist ein Einzelarbeitsvertrag?
*

Der **Einzelarbeitsvertrag** (individueller Arbeitsvertrag), der i.d.R. ein Dienstvertrag ist, wird zwischen dem einzelnen Arbeitnehmer und dem einzelnen Arbeitgeber geschlossen. Er regelt nur das Arbeitsverhältnis zwischen diesen Personen. Er enthält u.a. Abmachungen über Art der Beschäftigung, Lohnhöhe, Arbeitszeit.

Gesetzliche Bestimmungen, Bedingungen der Tarifverträge und der Betriebsvereinbarungen dürfen in Einzelarbeitsverträgen nur zugunsten des Arbeitnehmers abgeändert werden (**Begünstigungsprinzip**, Günstigkeitsprinzip).

615 Was ist eine Betriebsvereinbarung?
*

Die **Betriebsvereinbarung** (kollektiver Arbeitsvertrag, Gruppenarbeitsvertrag) wird zwischen dem Arbeitgeber und dem Betriebsrat eines bestimmten Betriebes getroffen. Sie regelt die Ordnung und auch einzelne Angelegenheiten des betreffenden Betriebes, z.B. Beginn und Ende der täglichen Arbeitszeit und der Pausen, Aufstellung eines Urlaubsplanes, Maßnahmen zur Verhütung von Arbeitsunfällen, das Verhalten der Arbeitnehmer im Betrieb.

Die Betriebsvereinbarung ergänzt die Bestimmungen des Tarifvertrages, die als Mindestbedingungen beachtet werden müssen.

616 Was ist ein Tarifvertrag?
*

Der **Tarifvertrag** ist ein kollektiver Arbeitsvertrag, und er wird zwischen den Tarifpartnern abgeschlossen. Er regelt die Arbeitsverhältnisse und Arbeitsbedingungen für alle unter seinen Geltungsbereich fallende Personen.

Nach dem Inhalt unterscheidet man

- Manteltarifverträge,
- Lohntarifverträge.

617 Unterscheiden Sie Manteltarifvertrag und Lohntarifvertrag!

Der **Manteltarifvertrag** (Rahmentarifvertrag) regelt bestimmte Arbeitsbedingungen für eine längere Zeit (i.d.R. 3 bis 5 Jahre), z.B. Bestimmungen über Arbeitszeit, Mehrarbeit, Sonn- und Feiertagsarbeit, Urlaub.

Der **Lohn- und Gehaltstarifvertrag** legt die Löhne und Gehälter der Arbeiter und Angestellten fest und staffelt sie nach der Vorbildung der Arbeitnehmer und nach dem Schwierigkeitsgrad ihrer Arbeit in bestimmte Lohn- und Gehaltsgruppen. Lohn- und Gehaltstarifverträge haben eine kürzere Laufzeit als der Manteltarifvertrag, i.d.R. ein Jahr.

618 Für welchen Personenkreis gelten Tarifverträge?

Tarifverträge gelten zunächst nur für die Mitglieder der Tarifvertragsparteien. Auf Antrag einer der am Tarifvertrag beteiligten Parteien kann ein Tarifvertrag jedoch auch für allgemeinverbindlich erklärt werden, wenn

- die Allgemeinverbindlichkeit im öffentlichen Interesse liegt,
- die tarifgebundenen Arbeitgeber mindestens 50 % der unter den Geltungsbereich des Vertrages fallenden Arbeitnehmer beschäftigten.

Durch die Allgemeinverbindlichkeitserklärung gilt der Tarifvertrag für alle Arbeitgeber und Arbeitnehmer einer bestimmten Berufssparte, gleichgültig, ob sie einem Arbeitgeberverband bzw. einer Gewerkschaft angehören oder nicht.

5.3 Arbeitsschutz und Kündigung

	Frage	Antwort
619	Nennen Sie die wichtigsten gesetzlichen Arbeitsschutzvorschriften!	Zu den **Arbeitsschutzvorschriften** gehören: ● Arbeitszeitordnung: regelt z. B. Höchstarbeitszeit, Nachtarbeit, Mehrarbeitsvergütung; ● Jugendarbeitsschutzgesetz: regelt z. B. Arbeitszeit, Vergütung, Urlaub, Ruhepausen, Arbeitsverbote für Jugendliche (insbesondere Auszubildende); ● Mutterschutzgesetz: beinhaltet z.B. Beschäftigungsverbot vor und nach der Entbindung, Kündigung von Schwangeren; ● Ladenschlußgesetz: schreibt die Ladenöffnungszeiten für Verkaufsstellen vor; ● Schwerbeschädigtengesetz: beinhaltet z. B. die Verpflichtung von Arbeitgebern zur Beschäftigung von Schwerbeschädigten, Zusatzurlaub, Kündigungsschutz; ● Bundesurlaubsgesetz: sieht z. B. einen Mindesturlaub von jährlich 18 Werktagen vor; ● Gewerbeordnung: beinhaltet z. B. Vorschriften über die Gestaltung des Arbeitsplatzes.
620	Welche Arten der Kündigung gibt es (Überblick)? *	Man unterscheidet folgende Arten der Kündigung: 1. ordentliche Kündigung, ● gesetzliche Kündigung, ● vertragliche Kündigung, 2. außerordentliche Kündigung.
621	Was ist gesetzliche Kündigung?	Das Arbeitsverhältnis eines Arbeiters oder eines Angestellten kann mit einer Frist von 4 Wochen zum 15. oder zum Ende eines Monats gekündigt werden (**gesetzliche Kündigungsfrist** lt. BGB).
622	Was ist vertragliche Kündigung? *	Abweichend von der gesetzlichen Regelung kann die Kündigung im Arbeitsvertrag gesondert festgelegt sein. Die **vertragliche Kündigung** besagt, daß die Kündigungsfrist ● in Ausnahmefällen unter 4 Wochen liegen kann, ● für Arbeitgeber und Arbeitnehmer gleich lang sein muß, ● länger sein kann als die gesetzliche Frist.
623	Was ist fristlose Kündigung? *	Die **fristlose Kündigung** kann im Gegensatz zur ordentlichen Kündigung nur bei einem wichtigen Grund ausgesprochen werden. Beispiele sind: Ehrverletzungen oder Tätlichkeiten des Arbeitgebers oder Arbeitnehmers, Pflichtverletzungen wie Arbeitsverweigerung oder fehlende Entlohnung.
624	Was bedeutet der allgemeine Kündigungsschutz?	Die wichtigste Bestimmung des **Kündigungsschutzes** (geregelt im Kündigungsschutzgesetz) besagt, daß Arbeitnehmern nur gekündigt werden darf, wenn die Kündigung sozial gerechtfertigt ist. Das bedeutet, eine Kündigung ist unwirksam, wenn sie nicht ● durch die Person oder das Verhalten des Arbeitnehmers oder ● durch dringende wirtschaftliche Erfordernisse bedingt ist.

625 Wer genießt besonderen Kündigungsschutz?
*

Besonderen Kündigungsschutz genießen

- Betriebsratsmitglieder: Ihnen kann während ihrer Amtszeit nicht gekündigt werden, es sei denn, es liegt ein wichtiger Grund vor;
- werdende Mütter: Ihnen darf während der Schwangerschaft und vier Monate nach der Geburt nicht gekündigt werden;
- Schwerbeschädigte: dürfen nur mit Zustimmung der Hauptfürsorgestelle entlassen werden;
- langjährige Angestellte und Arbeiter: Die Kündigungsfrist ist nach der Beschäftigungsdauer gestaffelt.

5.4 Mitbestimmung

626 Unterscheiden Sie Mitbestimmung und Mitwirkung!
*

Mitbestimmung bedeutet, daß betriebliche Entscheidungen nicht mehr ausschließlich von den Kapitalseignern, sondern gemeinsam mit Vertretern der Arbeitnehmerschaft getroffen werden.

Von **Mitwirkung** dagegen spricht man, wenn Unternehmensleitung und Arbeitnehmervertretung bei betrieblichen Entscheidungen zusammenarbeiten, die Unternehmensführung jedoch auch gegen den Willen der Arbeitnehmervertreter handeln kann. Die Arbeitnehmerseite hat also bei der Mitwirkung kein Stimmrecht wie bei der Mitbestimmung, sondern das Recht der Beratung, das Recht, Vorschläge zu unterbreiten und das Recht auf Information.

627 In welchen Gesetzen ist die Mitbestimmung geregelt?

Das Mitbestimmungsrecht ist vor allem geregelt in

- dem Betriebsverfassungsgesetz (BetrVG) von 1972,
- dem Montan-Mitbestimmungsgesetz von 1951 (Gesetz über die Mitbestimmung der Arbeitnehmer in den Aufsichtsräten und Vorständen der Unternehmen des Bergbaus und der Eisen und Stahl erzeugenden Industrie),
- dem Ergänzungsgesetz zum Montan-Mitbestimmungsgesetz von 1956,
- dem Mitbestimmungsgesetz von 1976.

628 Welche Aufgabe hat das Betriebsverfassungsgesetz?

Das **Betriebsverfassungsgesetz** regelt die Beziehungen zwischen Arbeitgeber und Belegschaft. Es enthält im einzelnen Bestimmungen über den Betriebsrat, die Betriebsversammlung, die Jugendvertretung und die Mitwirkung und Mitbestimmung der Arbeitnehmer.

629 Was versteht man unter dem Betriebsrat?
*

Der **Betriebsrat** ist die gewählte Vertretung der Arbeitnehmer eines Betriebes. Er nimmt die Interessen der Arbeitnehmer gegenüber dem Arbeitgeber wahr.

In Betrieben mit mindestens fünf ständigen wahlberechtigten Arbeitnehmern (Arbeitnehmer über 18 Jahre), von denen drei wählbar sind (Arbeitnehmer über 18 Jahre, die dem Betrieb sechs Monate angehören), werden Betriebsräte geheim und unmittelbar gewählt. (Der Betriebsrat wird auf Verlangen der Arbeitnehmer eingerichtet.) Die Amtszeit des Betriebsrates beträgt vier Jahre. Die Zahl der Betriebsratsmitglieder ist abhängig von der Zahl der wahlberechtigten Arbeitnehmer.

630 Welche Aufgaben hat der Betriebsrat?
*

Der Betriebsrat hat vor allem folgende allgemeine Aufgaben:

- Überwachung der Einhaltung von Gesetzen, die zugunsten der Arbeitnehmer gelten, z.B. Unfallverhütungsvorschriften, Tarifverträge und Betriebsvereinbarungen;
- Beantragung von Maßnahmen beim Arbeitgeber, die der Belegschaft dienen;
- Förderung der Eingliederung Schwerbeschädigter;
- Förderung der Beschäftigung älterer Arbeitnehmer;
- Förderung der Eingliederung ausländischer Arbeitnehmer.

631 Welche Mitbestimmungsrechte hat der Betriebsrat nach dem Betriebsverfassungsgesetz?
*

Mitbestimmungs- bzw. Mitwirkungsrechte hat der Betriebsrat

- im sozialen Bereich, z.B. Fragen der Ordnung im Betrieb, Beginn und Ende der täglichen Arbeitszeit einschließlich der Pausen, Aufstellung allgemeiner Urlaubsgrundsätze;
- im personellen Bereich, z.B. Einstellungen, Versetzungen, Kündigungen;
- im wirtschaftlichen Bereich, z.B. Rationalisierungsvorhaben, Einführung neuer Arbeitsmethoden, Einschränkung oder Stillegung von Betrieben oder Betriebsteilen.

Bei sozialen und personellen Angelegenheiten hat der Betriebsrat überwiegend das Recht auf Mitbestimmung, d.h., die Maßnahmen werden grundsätzlich erst mit Zustimmung des Betriebsrates wirksam (Einigungsstelle bzw. Arbeitsgericht können die Zustimmung ersetzen).

Im wirtschaftlichen Bereich hat der Betriebsrat nur Mitwirkungsrechte; diese werden wahrgenommen über den sog. Wirtschaftsausschuß, der in Betrieben mit mehr als 100 Beschäftigten zu bilden ist.

632 Was ist die Betriebsversammlung?

Die **Betriebsversammlung** besteht aus den Arbeitnehmern des Betriebes.

Der Betriebsrat beruft einmal in jedem Kalendervierteljahr die Betriebsversammlung ein und erstattet ihr einen Tätigkeitsbericht.

633 **Was ist die Jugend- und Auszubildendenvertretung?**

In Betrieben mit in der Regel fünf Arbeitnehmern, die das 18. Lebensjahr noch nicht vollendet haben (jugendliche Arbeitnehmer) oder die zu ihrer Berufsausbildung beschäftigt sind und das 25. Lebensjahr noch nicht vollendet haben, werden Jugend- und Auszubildendenvertretungen gewählt. Die Amtszeit der Jugend- und Auszubildendenvertretung beträgt zwei Jahre.

Die Jugend- und Auszubildendenvertretung hat vor allem folgende Aufgaben:

- Beantragung von Maßnahmen beim Betriebsrat, die den jugendlichen Arbeitnehmern dienen, z.B. Fragen der Berufsbildung;
- Überwachung der Einhaltung von Gesetzen, die zugunsten der jugendlichen Arbeitnehmer gelten.

634 **Wie ist die Mitbestimmung im Aufsichtsrat geregelt?**
*

Bei der Mitbestimmung im Aufsichtsrat und Vorstand von Unternehmen sind drei Fälle zu unterscheiden:

- Mitbestimmung in Betrieben der Montanindustrie (Kohle, Eisen und Stahl) mit mehr als 1000 Arbeitnehmern (Montan-Mitbestimmungsgesetz),
- Mitbestimmung in Kapitalgesellschaften mit mehr als 2000 Beschäftigten (Mitbestimmungsgesetz von 1976),
- Mitbestimmung in den übrigen Kapitalgesellschaften (Betriebsverfassungsgesetz).

635 **Welche Mitbestimmungsvorschriften gelten für die Montanindustrie?**

Der Aufsichtsrat in Betrieben der Montanindustrie mit der Rechtsform einer AG, einer GmbH oder bergrechtlichen Gewerkschaft setzt sich aus der gleichen Anzahl von Anteilseignern und Arbeitnehmern und einem weiteren (neutralen) Mitglied zusammen **(paritätische Mitbestimmung)**.

Die Zahl der Aufsichtsratsmitglieder beträgt im Normalfall 11, kann aber je nach Höhe des Grundkapitals bei 15 oder 21 liegen.

Die Vertreter der Anteilseigner (Kapitalvertreter) werden von der Hauptversammlung gewählt. Der Betriebsrat und die Gewerkschaften bestimmen die Arbeitnehmervertreter. Das neutrale Mitglied wird auf Vorschlag der übrigen Aufsichtsratsmitglieder benannt.

Dem Vorstand muß für soziale und personelle Belange ein Arbeitsdirektor als Vertreter der Arbeitnehmer ständig angehören.

636 **Welche Mitbestimmungsvorschriften gelten für Kapitalgesellschaften mit mehr als 2000 Beschäftigten?**

Dem Aufsichtsrat von Kapitalgesellschaften mit mehr als 2000 Beschäftigten (ausgenommen sind Unternehmen der Montanindustrie) gehören je nach Arbeitnehmerzahl 12, 16 oder 20 Mitglieder an. Anteilseigner und Arbeitnehmer haben die gleiche Zahl von Sitzen.

Die Vertreter der Anteilseigner werden von der Hauptversammlung gewählt. Die Belegschaft (oder Wahlmänner) wählt die Arbeitnehmervertreter; diesen muß ein leitender Angestellter und eine bestimmte Anzahl von Gewerkschaftsvertretern angehören.

Der Vorsitzende und sein Stellvertreter werden vom Aufsichtsrat mit Zwei-Drittel-Mehrheit gewählt. Kommt diese Mehrheit nicht zustande, wählen die Anteilseigner den Vorsitzenden und die Arbeitnehmer den Stellvertreter.

Bei Stimmengleichheit entscheidet die Stimme des Vorsitzenden (keine paritätische Mitbestimmung).

637 Welche Mitbestimmungsvorschriften gelten für die übrigen Kapitalgesellschaften?

Der Aufsichtsrat

- einer AG,
- einer KGaA,
- einer GmbH mit mehr als 500 Arbeitnehmern

muß zu einem Drittel aus Vertretern der Arbeitnehmer bestehen (Drittelparität).

Die Hauptversammlung wählt die Kapitalvertreter, die Belegschaft die Arbeitnehmervertreter.

Der Aufsichtsrat besteht je nach Höhe des Grundkapitals aus 3 bis 21 Mitgliedern.

6 Sozialrecht

638 Zählen Sie die Zweige der Sozialversicherung auf (Überblick)!
*

Zur **Sozialversicherung** zählen:

- Krankenversicherung,
- Rentenversicherung der Angestellten und Arbeiter,
- Unfallversicherung,
- Arbeitslosenversicherung.

639 Wer ist sozialversicherungspflichtig?
*

Sozialversicherungspflichtig sind in der

- gesetzlichen Rentenversicherung Arbeiter, Auszubildende sowie Angestellte ohne Rücksicht auf die Einkommenshöhe (die Beitragsbemessungsgrenze beträgt 1994 monatlich 7 600,00 DM);[1]
- gesetzlichen Krankenversicherung sämtliche Arbeiter, Auszubildende und Rentenempfänger sowie Angestellte bis zur Einkommensgrenze von 75 % der jeweils geltenden Beitragsbemessungsgrenze in der Rentenversicherung;
- gesetzlichen Unfallversicherung alle Arbeitnehmer und Auszubildende ohne Rücksicht auf Einkommen oder Beschäftigungsdauer (ausgenommen Beamte und Selbständige);
- Arbeitslosenversicherung alle Arbeitnehmer (bis zur Vollendung des 63. Lebensjahres) und Auszubildende (ausgenommen Beamte und Selbständige).

640 Nennen Sie die Träger der Sozialversicherungen!
*

Die **Sozialversicherungsträger** sind für die

- Krankenversicherung vor allem die Allgemeinen Ortskrankenkassen (AOK), die Ersatz-, Betriebs- und Knappschaftskrankenkassen;

1 In den neuen Bundesländern beträgt die Beitragsbemessungsgrenze für 1994 5 700,00 DM.

- Rentenversicherung die Bundesversicherungsanstalt für Angestellte (BfA) in Berlin, für Arbeiter die Landesversicherungsanstalten (LVA) und die Bundesknappschaft;
- Unfallversicherung die Berufsgenossenschaften;
- Arbeitslosenversicherung die Bundesanstalt für Arbeit in Nürnberg.

641 Wer zahlt die Beiträge zur Sozialversicherung?
*

Die Beiträge zur Kranken-, Renten- und Arbeitslosenversicherung tragen Arbeitnehmer und Arbeitgeber je zur Hälfte. Die Beiträge zur Unfallversicherung trägt der Arbeitgeber allein.

642 Welche Leistungen umfaßt die Krankenversicherung?
*

Leistungen der **Krankenversicherung** sind:
- Krankenhilfe (ambulante und stationäre ärztliche Behandlung, Arznei- und Heilmittel, Krankenhausaufenthalt),
- Krankengeld (höchstens für 78 Wochen),
- Gesundheitsvorsorge (Vorsorgeuntersuchungen),
- Mutterschaftshilfe,
- Sterbegeld,
- Familienhilfe (für Familienangehörige des Versicherten).

643 Welche Leistungen umfaßt die Rentenversicherung?
*

Leistungen der **Rentenversicherung** sind:
- Altersruhegeld (nach Erreichen einer bestimmten Altersgrenze, i. d. R. 65 Jahre für Männer).
- Erwerbs- und Berufsunfähigkeitsrente,
- Witwen- und Waisenrente,
- Heilbehandlung (vor allem Kuren),
- Berufsförderung (insbesondere Umschulungen),
- soziale Betreuung.

644 Was besagt die dynamische Rente?

Die **dynamische Rente** besagt, daß die laufenden Renten regelmäßig durch Zuschläge an die gesamtwirtschaftliche Entwicklung angepaßt werden.

645 Welche Leistungen umfaßt die Unfallversicherung?
*

Leistungen der **Unfallversicherung** sind:
- Krankenhilfe bei Arbeitsunfällen und Berufskrankheiten (Leistungen wie bei der Krankenversicherung),
- Verletztenrente (als Voll- oder Teilrente),
- Berufshilfe (insbesondere Umschulung),
- Sterbegeld,
- Witwen- und Waisenrente.

646 Welche Leistungen umfaßt die Arbeitslosenversicherung?
*

Leistungen der **Arbeitslosenversicherung** sind:
- Arbeitslosengeld (wird bis zu 32 Monaten gewährt),
- Arbeitslosenhilfe (wird im Anschluß an das Arbeitslosengeld gezahlt und ist niedriger als dieses),
- Kurzarbeitergeld und Schlechtwettergeld,
- Beiträge zur Krankenversicherung,
- Arbeitsvermittlung
- berufliche Fortbildung und Umschulung.

647 Welche Gerichte sind für das Sozialrecht zuständig?

Ansprüche aus der Sozialversicherung werden zunächst bei den Sozialversicherungsträgern erhoben. Nach einem ablehnenden Bescheid ist das **Sozialgericht** für die Klage zuständig. Berufungsinstanz für dessen Urteil ist das Landessozialgericht, Revisionsinstanz ist das Bundessozialgericht (in Kassel).

7 Wettbewerbsrecht

648 Nennen Sie Bestimmungen staatlicher Wettbewerbspolitik!

Ziele der **staatlichen Wettbewerbspolitik** sind:

- Sicherung des Wettbewerbs in der sozialen Marktwirtschaft,
- Schutz der Verbraucher **(Verbraucherschutz).**

Wesentliche Bestimmungen sind:

- Gesetz gegen Wettbewerbsbeschränkungen (GWB, Kartellgesetz),
- Gesetz gegen den unlauteren Wettbewerb (UWG),
- Gesetz zur Regelung des Rechts der Allgemeinen Geschäftsbedingungen (AGB-Gesetz; s. Frage 527),
- Rabattgesetz,
- Verordnung über Preisauszeichnung,
- Abzahlungsgesetz.

649 Nennen Sie wesentliche Bestimmungen des Kartellgesetzes!

Das **Kartellgesetz** enthält Vorschriften über

- verbotene, anmeldepflichtige und genehmigungspflichtige Kartelle (s. Frage 112f.);
- Fusionskontrolle, d.h., das Bundeskartellamt kann Zusammenschlüsse von Unternehmen verbieten oder auflösen, wenn dadurch eine marktbeherrschende Stellung entsteht;
- Mißbrauchsaufsicht über unverbindliche Preisempfehlungen, d.h., die Kartellbehörde kann unter bestimmten Voraussetzungen Empfehlungen, die einen Mißbrauch zu Lasten der Verbraucher beinhalten, verbieten.

650 Nennen Sie wesentliche Bestimmungen des Gesetzes gegen den unlauteren Wettbewerb!

Das **Gesetz gegen den unlauteren Wettbewerb** will verhindern, daß zu Zwecken des Wettbewerbs Handlungen vorgenommen werden, die gegen die guten Sitten verstoßen. Geregelt sind unter anderem Vorschriften über

- unerlaubte und strafbare Werbung,
- Aus-, Räumungs- und Schlußverkäufe,
- Verrat von Geschäftsgeheimnissen.

Sachwortverzeichnis